"马克思主义理论学位点培优培育"
系列丛书

古代廉洁文化史

刘社建 / 著

History of
Ancient Integrity Culture

上海社会科学院出版社
SHANGHAI ACADEMY OF SOCIAL SCIENCES PRESS

编委会

潘世伟　吴晓明　黄力之
陈学明　肖　巍　黄凯锋
刘　杰　沈桂龙

丛 书 总 序

潘世伟(上海社会科学院中国马克思主义研究所名誉所长　教授)

19世纪中叶,马克思、恩格斯完成了社会主义从空想到科学的根本转变。《共产党宣言》正是这一根本转变的标志。自那时起的175年里,一代又一代的接续者不断努力,沿着马克思、恩格斯奠基者的足迹,使社会主义从一种思想观念发展为阶级斗争、政党组织、社会革命、国家政权和文明形态。如果从更为深邃的意义上思考,社会主义的历史性运动呈现为三种形态。

基于资本主义生长点的原典形态。社会主义思潮诞生于欧洲,其从空想到科学的蜕变也完成于欧洲,这并非偶然。这一地区得益于资本主义的发展,从而在整个世界的发展中脱颖而出,一跃而成为最为先进的地区。欧洲那些主要的国家,凭着工业革命的先行优势,造就了全新的强大生产力。就其内部而言,一个新的统治阶级,即资产阶级傲然崛起。通过不同样式的资产阶级革命,相继在欧洲一系列国家获得了政权,与此同时构造了与之相匹配的社会架构、市场经济架构、政治架构、文化架构,以及现代民族国家架构。所有这些变革最终关闭了欧洲中世纪略显灰暗的大门,显示出早期资本主义现代化的绚烂光影。就其外部而言,这些现代化先行一步的欧洲国家,借助持续的殖民扩张,以军事战争、宗教传播、文化侵略等综合性手段,揭开了此后绵延百年的以欧洲为中心的全球化序幕。值得注意的是,这一时期欧洲的资本主义是内部发展与外部发展相互交织、互为条件的双重奏鸣:内部政治、经济、文化、社会的发展,推动和主导了外部扩张;外部扩张,反过来又极大地支撑和加固了内部的发展。欧洲资本主义如此多彩炫目的发展成就,遮蔽了当时大多数人的视野。悄然间,一个全新的社会主义思想正在孕育中破土而出。正是欧洲资本主义经济政治的发展,为马克思主义的形成创造了社会条件;工人阶级的成长壮大,以及主张自己利益的工人运动的兴起,为马克思主义的形成提供了阶级基础;文化和哲学、经济学、社会学等社会科学的繁荣,为马克思主义的形成提供了思想社会条件;《共产党宣言》的发表,为科学社会主义的问世颁发了出生证书。科学社会主义的创始人马克思、恩格斯,以及他们同时代的社会主义经典作家,充分肯定资本主义发展创造的一切成就,并且毫不吝啬地给予前所未有的祝贺。然而,超越大多数人的地方在于,他们又无情地发布了欧洲资本主义的讣告,坚定地认为看起来方兴未艾的资本主义制度将迎来自己的绝唱。这些社会主义的先驱者大无畏地指出,虽然资本主义创造了令人赞叹的生产力和物质财富,以及在此基础之上的政治、社会和文化的一切成果,但同时也存在着深刻的内在矛盾。而这些弊端,靠资本主义本身的力量只能缓解,无法根除。可以肯定的是,资本主义绝对不会是人类社会发展的终极形态,它在历史中产生,也将被历史所否定。这些社会主义的先驱者坚定地认为,改变资本主义命运的力量来自处在被统治的工人阶级及其他社会力量,通过政治斗争和社会革命,资产阶级将失去统治地位,被压迫的阶级将成为统治阶级。对工人阶级来说,与其屈从于资产阶级的压迫,伴随资本主义的衰落,不如奋而投身革命,以打碎旧的世界。这些社会主义的先驱者充满信心地认为,人类应当有比资本主义更加合理的美好社会状态,取代资本主义的理想制度就是社会主义,以及在社会主义基础之上发展起来的更高级的共产主义。尽管未来美好社会的细节尚不能描绘出来,但是工人阶级及其政党在未来实践中一定会创造出来。更重要的是,这些社会主义的先驱者在批判资本主义、论证社会主义的过程中,提炼出了人类社会发展的一般规律,形成了以唯物史观为核心内容的世界观和方法论,使人们能更加准确地认识世界,把握人类历史运动。

围绕上述内容,逐渐凝聚成社会主义的原典形态。这一形态的大致要点是:(1)社会主义孕育的母体只能是当时人类社会最发达的资本主义,社会主义所需要的政治力量和思想资源都在资本主义内部生成。(2)资本主义可以,也必然被否定和超越,无论资本主义生存维系的时间多么长久,它终究是人类历史的一个片段,即便资本主义因时因势进行自我改良,也无法得出资本主义具有永恒属性的结论。资本主义在完成自己的历史使命之后,告别人类舞台是其无法回避的命运。(3)资本主义的终点就是社会主义的起点,社会主义一开始就立足于人类已经创造的生产力之上,立足于已经非常丰富的物质财富之上,立足于已经拥有的精神财富之上,立足于人类已经达到的现代化水准之上。正是在资本主义所积累的一切成果基础之上,社会主义去消解生产力与生产关系的紧张冲突,去克服生产资料私有制固有的弊端,去解决由之而来的一切矛盾与对抗。社会主义固然是对资本主义的批判与否定,但更是实现一种新的超越与升华。可以说,资本主义越是发展,越是在为社会主义准备更多的物质条件和其他各方面的条件。同样,资本主义的生产力越发达,生产关系越是复杂,国家治理越是精致,社会主义建设新社会的要求自然就会更高。创造更高的生产率,发展更强的生产力,实现更真实的公平,构造更和谐的社会,将更具挑战性。人类应当有能力承担这个更美好社会的建设任务。基于资本主义生长点的原典形态,正是社会主义出生时的模样。在本源的意义上,社会主义源于资本主义又高于资本主义。由此扩展而来的社会主义经典叙事有着强大的生命力,照亮着人类穿越资本主义丛林的前行道路,激励越来越多的人投身向社会主义过渡的漫长历史进程。

  基于非资本主义生长点的转化形态。出乎人们预料的是,世界社会主义运动的进程发生了重大变化。这种变化表现为社会主义的发展出现了高涨和低落交替的跌宕起伏,表现为社会主义在其原生地形成了成长受阻的长久曲折,表现为在资本主义薄弱环节曾经成功的苏联、东欧国家社会主义实践的夭折逆转。然而在这历史的流变中,更为本质的变化是以中国为代表的社会主义国家的崛起。当社会主义在原来设定的生长点上,即资本主义发达国家,没有能够破土而出的时候,却出现了马克思主义经典作家视野之外新的生长点。这个生长点,不是在资本主义的内部,而是在资本主义的外部;不是在生产力最为发达的地带,而是在经济发展落后的地带;不是在西方,而是在非西方;不是源于资本主义内部的阶级矛盾和阶级斗争,而是源于帝国主义殖民地、半殖民地的民族解放运动。社会主义的内涵、社会主义的展开方式、社会主义的逻辑都有了新的定义。这一意义非凡的突破，超越了当年马克思主义经典作家的论述和想象，构成了一种全新的社会主义形态。在一定意义上可以称之为区别于社会主义经典形态的转化形态，区别于社会主义原生形态的衍生形态。这个新形态的问世，是社会主义发展逻辑与中国自身发展逻辑交汇融合的产物。从社会主义思想的角度观察和思考的话，可以看到资本主义的一个本质表现，就是征服世界。对欧洲中心之外的广大世界的侵略掠夺，成为资本主义持续繁荣和保持舒适的重要条件。发达国家的发达是建立在不发达国家的不发达基础之上的。资本主义不仅固化了内部的不平等，也造就着外部的不平等。社会主义经典作家注意到了资本主义殖民扩张对广大非西方世界的破坏性影响，但是限于诸多客观历史条件的限制，他们没有就此形成系统性的详细论述。直到列宁等后继的马克思主义者，才更加敏锐地深入关注了殖民地、半殖民地国家反抗资本主义、帝国主义侵略的民族解放斗争。"全世界无产者联合起来"这样一个经典的议题设置，被扩展为"全世界无产者和被压迫民族联合起来"的新议题设置，就是一个有力的证明。即便当时社会主义理论和实践的重心依然聚焦于资本主义国家本身，但是欧洲社会主义运动对广大殖民地、半殖民地的溢出效应在不断地增强。社会主义对资本主义的揭露和批判，对未来更加美好社会的理想和追求，工人阶级及其政党推翻旧世界斗争的勇气和决心，给广大殖民地、半殖民地国家和人民带来了深刻的启示，展现了进行新的选择的历史可能性，成为这些国家反抗资本主义侵略征服极其重要的思想资源。

　　从中国自身发展的角度观察和思考的话，可以看到已经独处东方几千年的中国，遇到了千年未有的重大冲击。一个在经济、军事、政治、文化、技术、治理、制度上全面优越于中国的外部力量，以野蛮的战争方式砸开国门。这场巨变不仅仅是欧美强国对东方古国的远征，更是一个新兴的资本主义对衰落的封建主义的毁灭性打击。国家羞辱、人民苦难、文明蒙尘的不幸遭遇，必然激发中国人民的反抗。追求民族解放和民族复兴的中国人，比以往任何时候都迫切需要新的思想的启迪。在中国内部思想资源难堪大用的窘境下，许多有识之士将目光转向外部，尤其是发展遥遥领先的欧美国家。诸多的西学主张被引入中国，社会主义、马克思主义只是其中一种。然而在西学东渐时涌入的其他西学诸说只是让中国人心动一时，在历史的展开中留下淡淡痕迹。中国人经过比较，最终选择的是社会主义。社会主义与中国的相会相交，是一定时空条件作用的结果。彼此身份的对立，是其原因之一。欧美资本主义国家是侵略者，中国是受害者，两者之间难以共情，老师殴打学生，学生反抗老师，师生之道无以存续。资本主义中心与广大外围地区的利益冲突和身份对立，冲击了所谓共同话语的虚伪性。中国作为亘古存在的源头性文明，从来不应当是被西方中心国家发现、启蒙、开化的结果。因此作为被侵略、被掠夺对象的中国，会更加倾向资本主义批判者的社会主义一边。对弱者的同情和理解，是又一个原因。资本主义国家内部反抗资产阶级统治的工人阶级是弱者；在资本主义对世界的征服中，广大的殖民地、半殖民地国家是弱者。同处弱者状态的中国自然与其他弱者同心同德、命运与共，因而代表弱者利益的社会主义，得到了中国人更多的亲近与重视。资本主义本身腐朽面的显露是再一个原因。随着中国对欧美资本主义了解的加深，其光鲜面背后的阴暗面也日渐显露：奴隶贩卖的罪恶，全球殖民地的争夺瓜分，国内贫困群体的困苦状况，尤其第一次世界大战期间帝国主义国家之间的血腥杀戮，更是反映出资本主义国家的内部弊端和相互矛盾，从而引发中国人对更美好社会的向往，而社会主义正体现了理想社会的可能。基于以上这些以及其他诸多原因，中国人走向了社会主义。其实，社会主义思想与某一个国家的靠拢，尤其是与一个非资本主义的落后国家的相遇，在中国之外的其他许多地区都曾经出现过。

为什么在中国却产生了社会主义与中国实际相结合的实践呢？这是值得进一步思考的问题。社会主义进入中国，中国选择社会主义，这种相遇还只是展现了一种历史运动的可能性，真正要使这种可能转化为现实，结出丰硕的成果，肯定还需要其他若干至关重要的条件。这些条件包括：拥有一个优秀的先锋队组织，一批甘愿牺牲一切的青年人，一批心属劳苦大众的知识分子，一批深谙中国国情又能领悟马克思主义精髓的领袖人物。当时的中国，相当完整地拥有了这些条件。所以，社会主义在中国大地的生根开花不仅是可能，而且是现实的事情。社会主义在中国的命运由此确定。社会主义进入中国后，改变了中国社会变革的性质。在原来世界资本主义的蓝图里，中国只是资本主义中心的从属者，处于被支配的边缘。至于中国内部半封建、半殖民地状态的延续或者变革，对中心国家来说无关紧要。即便中国发生社会变革，中心国家也将其设定为走向资本主义同质化的、模仿中心国家的社会变革，并且应当在中心国家利益代理人的控制下展开。这个进程在社会主义来到中国后被终止，中国出现的是另外一个样式的社会变革。中国共产党取代中国资产阶级政党，成为社会变革的领导者。工人阶级联合农民并与其他阶级一起取代资产阶级，成为社会变革的主体力量。社会变革的内容更是有了根本的调整，反对外来资本主义对中国的侵略、压迫和剥削，也反对外来资本主义对中国国内反动力量的支持，结束封建主义、官僚资本主义、帝国主义在中国的统治，实现民族解放，赢得国家独立。上述这些变化完全颠覆了通常意义上资产阶级民主革命的内容和方式。社会主义进入中国后，改变了中国现代国家的建构。当中国的社会变革被赋予崭新意义之时，意味着随后的国家建设将呈现新的面貌。果然，新中国成立后确定，不以资本主义为自己的发展方向，直接向资本主义的否定者社会主义过渡。相应地，整个国家建设也以此为准则，于是基本政治制度、基本经济制度和基本社会制度相继诞生，还根据中国的实际情况创建了中国共产党领导的制度、人民当家作主的人民代表大会制度、多党派合作的政治协商制度、民族区域自治制度、社会基层治理制度等富有中国特色的重要制度，完成了现代国家的建构，创造了政治长期稳定的奇迹，展现了具有国际比较意义的治理优势。

　　社会主义进入中国后，重设了中国现代化的进程。当人类社会从农业社会向更高水平的工业社会转变的时候，欧洲国家依托工业革命先行一步的优势，率先启动和实现了现代化；在它们对外扩张的进程中，又将这条资本主义现代化道路强加于广大的发展中国家。其实包括中国在内的发展中国家，对这条现代化道路的移植并不顺利，挫折、停滞和失败已经成为常态。新中国诞生后，决定以非西方、非资本主义的方式完成自己的现代化。中国共产党极其有效地动员和组织了亿万中国人民，在并不有利的国际环境下奋力推进中国的工业化,努力造就社会主义的物质基础。在经历了一系列曲折后,终于开辟出社会主义市场经济、积极参与世界经济、坚持共同富裕的现代化新路径。尤其是改革开放后创造出经济长期快速发展的世界奇迹,大踏步地推进了中国的工业化、城市化、市场化、信息化和国际化,使中国站到了世界现代化发展潮流的前列。

以上分别从社会主义发展的角度和中国自身发展的角度梳理了一个社会主义新形态形成的大致脉络。以中国为典型的基于非资本主义生长点的转化形态的出现,不是社会主义在一般意义上的扩展,而是具有相对独立内涵和意蕴。新形态的问世和成长生动地显示了社会主义本身发展的多样性。

基于社会主义生长点的自我成长形态。19世纪中叶,社会主义诞生于欧洲。在这个世纪里,社会主义形成了第一个形态,即以资本主义为生长点的原典形态。这一形态并未消失,至今仍在缓慢生长之中,主要表现为思想文化层面关于资本主义的批判,以及争取底层人民群众利益诉求的社会政治运动,距离取代资本主义、上升为统治地位的目标依然有着很大距离。究其原因,固然与社会主义队伍本身的分化、变异密切相关,也与资本主义异乎寻常的自我改良能力密切相关。然而从根本上来说,存在于发达资本主义国家内部的社会主义不可能是一个自发生长的自然过程,缺乏强有力的先锋队政党的干预和引领,资本主义可能仍然会继续保持自身的正常运转。20世纪,社会主义运动在非资本主义地区开辟出了发展的新空间。以中国为代表的发展中国家在选择发展方向的时候,没有皈依资本主义中心国家,而在资本主义的外部割断了与资本主义的关联,成为社会主义新的生长点。它们面对的是前资本主义或半资本主义的场景,身处经济、政治、文化、社会发展相对落后的历史方位,没有可以跨越资本主义充分发展阶段,而直接迈入社会主义的理论论证和实践设计。令人欣慰的是,它们发挥了空前的历史主动性,创造性地进行以社会主义为方向的社会革命、以社会主义为标志的国家建设,以及实现了嵌入社会主义要素的现代化实践。在此基础上,形成了关于发展中国家建设社会主义的完整叙事,形成了社会主义发展的新形态。进入21世纪之后,社会主义会有怎样的新进展?这是所有的社会主义思想者、实践者所关注的问题。应当看到,发展中国家后发现代化的逻辑、以非资本主义为生长点的社会主义转化形态的逻辑依然存在。但随着中国社会主义的发展,社会生产力、科技实力、国家综合实力以及社会其他方面的成就,一个新的逻辑正在出场,即以一个社会主义现代化国家的身份,显示社会主义高于资本主义的可能性,显示社会主义的内在优越性,显示社会主义的未来成长性。这就要求把中国已有发展水平作为基础始点,寻求社会主义的自我成长,寻求更高水准的新成长。在一定意义上,这个新形态不是已有的社会主义第二个形态(转化形态)的自然延顺,而是一种具有迭代意义的升级。同时,在一定的意义上,这个新形态也有着向社会主义的第一形态(原典形态)复归的意蕴,意味着从资本主义国家的外部超越资本主义。概言之,新形态要以社会主义的自我成长来超越资本主义。客观上来说,新形态的形成刚刚展开,人们还无法完全把握其整体走向和内在规律,只能大致描绘出这一发展的基本轮廓。其一,统一和深化思想认识,储备相应能力。领导中国社会主义发展的中国共产党要进行深层思考,全面谋划,在适应中形成长期主义安排。在此基础上加强学习,统一思想认识,逐步树立"自我成长"的自觉意识。其中,全面了解和熟悉欧美资本主义在各个领域、各个方面的发展水平、存在瓶颈、有利不利条件、运作机制、操作经验等基本状况,至关重要。其二,加强整体性发展。相比资本主义发达国家长期运行后形成的均衡状态,中国经济、政治、文化、社会、生态各方面的发展上有轻重、先后、长短,需要强化"五位一体"融合发展的意识。其三,推动生产力高质量发展,增强物质基础。尽管中国大踏步地追赶,缩小乃至在某些方面追平了与发达资本主义国家的经济差距,但是生产力、生产效率、高科技以及物质财富基础仍有巨大发展空间。没有更高的生产力、更高的生产效率、更为雄厚的物质基础,社会主义的内在优势肯定无法真正体现。其四,提高制度成熟度,培育独特治理优势。在巩固已有的独特制度优势和治理优势的基础上,加快提高制度建设的完善度、成熟度和执行力,只有这样才能面对西方资本主义运行了数百年的制度高墙。其五,强化对社会主义本质的显示。相对资本主义而言,社会主义的本质决定了其拥有许多独特优越性,比如人民当家作主;比如执政党以人民为中心的宗旨,没有任何特权和私利;比如坚持共同富裕的至高准则,坚决防止社会的贫富两极分化;比如始终保持党的先进性、纯洁性,保持强有力的领导能力;比如强调社会和谐,人民群众之间没有根本利益的冲突和对抗;比如重大问题上的新型举国体制,能够凝聚起强大的各方力量;等等。这些优秀的内在本质要在珍惜呵护中精心培育。其六,更为主动的精神力量。文明型民族、文明型国家,是中国最重要的国情。中华文明是源头型文明,从文学到语言再到思维,都有自己的鲜明特点。中国文化绵延亘古,从未中断,并且与社会的契合、与人民日常生活的契合异常牢固。马克思主义之所以能够本土化,社会主义之所以在中国生成新的形态,很大程度上得益于与中国文化的内在契合,应当努力使这一宝贵资源创造性地转化为更为主动的精神力量,并与人类其他文化一起,展示人类文明多样性的独特魅力。其七,更加凸显的国际比较优势。中国的发展已经造就了许多方面的国际比较优势,即便在与发达资本主义国家的比较中也并不逊色。中国已经推动并在继续推动14亿人口的现代化,这一体量、规模超过了现有发达资本主义国家的总和,成为有史以来人类最伟大的现代化实验。不仅如此,中国现代化以更快的速度、更低的社会成本、更广的共享程度、更温和的方式著称于世。中国在绿色能源、生态保护、脱贫、数字化发展等方面后来居上,走到前列,交出了毫不逊色于发达资本主义国家的亮丽答卷。中国通过"一带一路"倡议唤醒、激活了辽阔的南方国家,鼓励它们开创属于它们自己的现代化之路。在解决人类面临的共同问题方面,中国提出了"人类命运共同体"的理念,以及一系列的正义主张,为世界和平、世界发展提供中国方案。中国欢迎和接受世界上不同类型现代化道路的比较、竞争与合作。随着中国式现代化的不断推进,中国的国际比较优势必将更加凸显。至于某些国家的敌意遏阻,中国将有足够的智慧和能力给予回击。21世纪的车轮正在疾行,已经驶入了第三个十年。使所有社会主义者感到兴奋的是,奠基于社会主义基础之上的一个新形态正在形成之中。站在这个社会主义发展的新起点上,我们仿佛回到了马克思、恩格斯的年代,他们反复思考的是,资本主义将被谁所超越?谁是资本主义的掘墓人?如今我们看到,资本主义在做的事情,社会主义能够比它做得更好;资本主义无法做到的事情,社会主义也能成功地做出来。成长起来了的中国社会主义,正如马克思、恩格斯所设想的那样,努力全面超越哪怕是同时代最先进的资本主义,创造人类更加美好的新社会。面对喷薄欲出的社会主义新形态,我们需要一次新的自觉。

为此,我们依托上海市教委马克思主义理论学位点建设培育培优专项(2021—2025),以上海社会科学院相关相近学科和研究团队为主力,组织一套系列丛书。丛书围绕马克思主义指导下的中国特色社会主义理论和实践,聚焦马克思主义世界观和方法论、中国式现代化理论、马克思主义中国化理论创新、中华优秀传统文化现代转化等展开学理性阐释,为上海社会科学院马克思主义理论一级博士点教学研究和学生培养提供参考。

前　　言

  2022年2月,中共中央办公厅印发的《关于加强新时代廉洁文化建设的意见》指出,"用中华优秀传统文化涵养克己奉公、清廉自守的精神境界"。廉洁作为为政的基石,中国古代社会具备丰厚的廉洁文化遗产,包括崇德尚廉、廉为政本、持廉守正等廉洁文化精华。古代廉洁文化作为中华优秀传统文化的重要组成部分,随着中华文明的不断发展而发展。

  古代廉洁文化自原始社会后期就孕育了萌芽,此后随着生产力发展与社会形态演进逐步健全成熟。古代廉洁文化在发展过程中熏陶、激励着一代又一代中华民族的优秀儿女为中华文明的发展做出了不懈努力与重大贡献,而且他们以自身的努力又进一步推动着古代廉洁文化的发展。全面总结梳理古代廉洁文化发展进程,勾勒其主要特点,总结其发展经验,对于深入一体推进新时代廉洁文化建设具有不可或缺的时代意义与实践价值。

  据《说文解字》,"廉,仄也"。廉为形声字,形符为"广(yan,眼)",声符为"兼",从广、兼声。因"堂之侧边曰廉,故从广"。廉本义为"堂之边",所以引申为"清也,俭也,严利也"。贾谊《新书·道术》指出,"辞利克谦谓之廉,反廉为贪"。廉为贪的反义词,不贪则为廉。

  廉作为官员应具有的品德,舜时期就提出从政者要有九种品德,其中之一即为"简而廉"。春秋时期晏婴指出,廉者政之本也。屈原在《招魂》中说:"朕幼清以廉洁兮,身服义而未沬。"对此东汉王逸的注中解释:"不受曰'廉',不污为'洁'。"自屈原提出"廉洁"二字后,廉洁就蕴含了丰富的意义,古代廉洁文化也成为中华优秀传统文化的重要组成部分和中华民族的瑰宝。

所谓古代廉洁文化，一般指包括廉洁思想、廉洁制度、廉洁人物以及代表廉洁的如莲花之类的重要物品、文学作品和家训等，它们可被称为廉洁意蕴的总体组合。古代廉洁文化博大精深，内容丰富，内涵深刻，意蕴深长。就古代廉洁文化内容而言，既包含历代丰富的廉洁思想，也有促进廉洁的官员选拔制度与监察制度等，以及丰富的廉洁人物及廉洁意蕴等相关内容。

除廉洁思想、廉洁人物和廉洁意蕴外，促进廉洁的制度至关重要。只有在具备健全完善的促进廉洁的制度基础上，才能更有效地确保社会廉洁并不断涌现出廉洁思想与廉洁人物。促进廉洁的制度主要包括官员选拔制度及监察制度。只有在确保把接受长期儒家学说训练、具有良好道德基础以及相应学识的人才选拔到官僚体系的基础上，再通过监察制度予以有效的监督监察，才能从制度上确保官员廉洁以及社会总体处于廉洁的状态。

官员选拔制度在隋前主要以察举制及九品中正制为主，隋以后科举制度逐步成熟并发展完善，在一千多年的封建王朝历史中科举制成了官员选拔的主要制度。士人从小必须熟读儒家经典，在此过程中受到儒家义利观、公私观、价值观在内的儒家道德理念的深入熏陶，在此潜移默化下涌现出一批又一批信奉儒家伦理而不惜身家性命的贤人志士。监察制度自原始社会后期随着生产力的发展而逐步发展并持续健全完善，在推动官员廉洁与社会廉洁方面发挥着不可替代的重大作用。

对于官员选拔制度而言，在科举制出台以前，无论是察举制还是九品中正制，对于个人是否廉洁都是考察的重要内容之一。科举制产生后，虽然科举制本身并不考察有关廉洁的内容，但在古代特别强调孝与忠的情况下，如果个人品行污浊则不具备参加科举的资格。朝廷明确要求参加科举考试的举子家世清白而且需要有人担保，如果其品行卑劣则不得参加科举考试。

当然仅靠官员选拔制度并不能足以保证官员保持廉洁，所以要通过构建一套机制完善、功能完备的监察制度以促进官员清廉自守、廉洁奉公。虽然历朝历代均有贪污腐化分子，而且不乏极为严重的贪腐分子，但不能因此而否认监察制度促进官员廉洁的作用。如果没有监察制度，那么整个官员腐败状况将更为严重。因而主要以科举制度为代表的官员选拔制度以及促进官员廉洁的监察制度,作为促进廉洁的重要组成部分构成了古代廉洁文化的重要内容。

虽然有关廉洁思想、廉洁制度以及廉洁人物主要是针对帝王及官员群体而言,并不直接涉及普通大众,但上行下效、大法小廉,帝王及官僚系统廉洁自持自然对整个社会保持廉洁状态具有有效的推动作用。而且有关廉洁思想、廉洁人物,以及包括家训、清官文化等在内的廉洁意蕴,对于普通公众崇尚清廉和保持廉洁的社会环境发挥着重要作用,社会上总体也崇尚清廉之风,比如民间对于清官文化的认同以及对于崇廉尚洁的代代传承即是明证。

总体而言,本书以考察中国古代廉洁文化发展进程为重点,按朝代顺序重点考察廉洁思想、廉洁制度、廉洁人物与廉洁意蕴,以期显现中国古代廉洁文化的总体概貌与发展进程,重点展现古代廉洁文化的精华所在,为当前一体推进不敢腐、不能腐、不想腐以及加强新时代廉洁文化建设有所启迪。因不同时期廉洁思想、廉洁制度以及廉洁人物等相关内容发展程度不同,所以论及不同朝代时古代廉洁文化的重点以及篇幅也有所不同。且古代廉洁思想与廉洁人物可谓汗牛充栋,也只能从中撷取精华予以论述,难以面面俱到,难免挂一漏万。

目　　录

丛书总序 ··· 潘世伟　1

前言 ·· 1

第一章　先秦廉洁文化 ··· 1

第一节　原始社会后期廉洁文化 ····················· 1

一、廉洁文化的滥觞 ································· 1

二、獬豸 ·· 2

三、八骏日行三万里 ································· 3

第二节　夏商周廉洁文化 ································ 4

一、周公廉洁思想 ····································· 4

二、周代人才选拔 ····································· 5

三、夏商周监察制度 ································· 6

第三节　春秋战国廉洁文化 ···························· 9

一、儒家廉洁思想 ····································· 9

二、法家廉洁思想 ··································· 11

三、监察制度 ·· 12

四、廉洁人物 ·· 13

第二章　秦汉廉洁文化 ··· 15

第一节　秦代廉洁文化 ····································· 15
一、廉洁思想 ··· 15
二、监察制度 ··· 16

第二节　汉代廉洁文化 ····································· 18
一、董仲舒廉洁思想 ······································· 18
二、官员选拔机制 ··· 20
三、监察制度 ··· 22
四、廉洁人物 ··· 28

第三章　魏晋南北朝廉洁文化 ································ 30

第一节　廉洁思想 ··· 30
一、曹操廉洁思想 ··· 30
二、诸葛亮廉洁思想 ······································· 31
三、王猛廉洁思想 ··· 32
四、拓跋宏廉洁思想 ······································· 32
五、苏绰廉洁思想 ··· 33

第二节　官员选拔机制与监察制度 ··························· 35
一、官员选拔机制 ··· 35
二、监察制度 ··· 35

第三节　廉洁人物与廉洁意蕴 ······························· 40
一、廉石 ··· 40
二、贪泉 ··· 40
三、白简霜凝 ··· 41
四、风闻言事 ··· 41
五、《千字文》 ·· 42
六、《颜氏家训》 ·· 43

第四章　隋代廉洁文化 ·· 45

第一节　廉洁思想与科举创始 ······································ 45
一、杨坚廉洁思想 ·· 45
二、科举创始 ·· 46

第二节　监察制度 ·· 47
一、中央监察制度 ·· 47
二、言谏制度 ·· 49
三、地方监察 ·· 49
四、监察官员 ·· 50
五、廉洁人物 ·· 51

第五章　唐代廉洁文化 ·· 52

第一节　廉洁思想与科举制度 ······································ 52
一、李世民廉洁思想 ·· 52
二、陆贽廉洁思想 ·· 54
三、科举发展 ·· 55

第二节　监察制度 ·· 57
一、中央监察制度 ·· 57
二、言谏制度 ·· 60
三、地方监察制度 ·· 64
四、监察官员 ·· 66

第三节　廉洁意蕴 ·· 67
一、唐诗中的廉洁意蕴 ·· 67
二、精舍台碑 ·· 69
三、心正笔正 ·· 70

第六章　宋代廉洁文化 ·· 71

第一节　廉洁思想与科举发展 ······································ 71

　　　　一、赵匡胤廉洁思想 ·················· 71
　　　　二、科举制度发展 ···················· 73
　　第二节　监察制度 ························ 75
　　　　一、中央监察制度 ···················· 75
　　　　二、言谏制度 ························ 79
　　　　三、地方监察制度 ···················· 81
　　　　四、审计制度与监察法规 ·············· 82
　　　　五、监察官员 ························ 83
　　第三节　廉洁意蕴与廉洁人物 ·············· 85
　　　　一、宋诗中的廉洁意蕴 ················ 85
　　　　二、出淤泥而不染之莲花 ·············· 86
　　　　三、清官文化 ························ 87
　　　　四、司马光家训 ······················ 88
　　　　五、清、慎、勤之官箴 ················ 89

第七章　元代廉洁文化 ························ 92
　　第一节　廉洁思想与科举制度 ·············· 92
　　　　一、忽必烈廉洁思想 ·················· 92
　　　　二、科举制度 ························ 94
　　第二节　监察制度 ························ 95
　　　　一、中央监察制度 ···················· 95
　　　　二、地方监察制度 ···················· 97
　　　　三、监察官员 ························ 97
　　　　四、监察法规 ························ 99
　　第三节　廉洁人物与廉洁意蕴 ············· 100
　　　　一、张养浩 ························· 100
　　　　二、《郑氏规范》 ··················· 102
　　　　三、元诗及杂剧中的廉洁意蕴 ········· 104

第八章 明代廉洁文化 ········· 106

第一节 廉洁思想与科举制度 ········· 106
一、朱元璋廉洁思想 ········· 106
二、科举制度 ········· 108

第二节 监察制度 ········· 109
一、中央监察制度 ········· 109
二、六科给事中 ········· 113
三、巡按御史 ········· 114
四、地方监察制度 ········· 115
五、监察官员 ········· 116

第三节 廉洁意蕴与廉洁人物 ········· 118
一、不妄取、不苟取、不敢取 ········· 118
二、留清白于人间 ········· 119
三、敢饮贪泉之水 ········· 120
四、杨继盛疏弹严嵩 ········· 121

第九章 清代廉洁文化 ········· 122

第一节 廉洁思想 ········· 122
一、清诸帝廉洁思想 ········· 122
二、黄宗羲廉洁思想 ········· 128

第二节 科举制度 ········· 128
一、童试 ········· 128
二、乡试 ········· 129
三、会试 ········· 131
四、殿试 ········· 132

第三节 监察制度 ········· 133
一、中央监察制度 ········· 133
二、地方监察制度 ········· 136

　　　　三、监察官员 ·································· 137
　　　　四、《钦定台规》 ······························ 140
　　第四节　廉洁人物与廉洁意蕴 ···················· 141
　　　　一、陆陇其 ···································· 141
　　　　二、于成龙 ···································· 144
　　　　三、钱沣 ······································ 145
　　　　四、张英家训 ·································· 146
　　　　五、林则徐家书 ································ 148
　　　　六、曾国藩家书 ································ 148

结语 ·· 150

主要参考文献 ······································ 153

第一章　先秦廉洁文化

先秦时期出现了廉洁思想,并通过构建有关制度努力促进社会廉洁。虽然当时廉洁思想与制度尚处于雏形,但对此后廉洁文化的发展奠定了一定的思想基础和实践基础。

第一节　原始社会后期廉洁文化

一、廉洁文化的滥觞

原始社会后期随着社会生产力的发展,贪腐现象逐步出现,加强对部落首领及官僚体系的监督逐步提上日程。自轩辕黄帝起就有了初步的制度安排,通过巡狩以及派驻大监等对部落首领予以监督。在尚未出台完备监督制度的情况下,舆论监督成为加强监督的重要途径。在当时尚没有文字时诸事口口相传,来自舆论的监督作用极为重要。

传说轩辕黄帝时期仓颉造字,即有"诽谤"一词。"诽"指微言,即私下议论或讥讽;"谤"为大言,即直言进谏。私下议论或讥讽的对象不仅包括君主而且包括大臣等,而直言进谏的对象为君主,通过诽谤以对君主和大臣发挥约束作用。

在尧舜时期,贪、贿、侈等现象较为普遍,为政腐败屡见不鲜。当时有"四凶",即"饕餮"(冒于货贿,侵欲崇侈)、"浑敦"(掩义隐贼,好行凶德)、"穷奇"(毁信废忠,崇饰恶言)和"梼杌"(不可教训,不知话言)。为治理腐败问题,舜在代尧行天子之政还没有正式即位的时候,就宣布"象以典刑,流宥五刑,鞭作官刑,扑作教刑,金作赎刑"的惩治方法,以打击贪腐问题。舜正式即位后专设负责刑法的官员,任命皋陶担任该职,皋陶作昏、墨、贼、杀之刑以惩治有罪的官员,皋陶也因此成为刑法官员的鼻祖。此外,还专门设立纳言一职以负责舆论监督。

氏族首领非常重视舆论与民心所向,经常派人到各部落去采集民间歌谣,百姓的街市议论由有关官员报告君主,也是君主接受进谏的方式。尧置敢谏之鼓。尧为听取公众意见在交通要道设谏鼓,有人进谏时即可击鼓以闻,唐代白居易有诗"谏鼓高悬作虚器"。舜立诽谤之木。舜于交通要道立木柱让公众在上面书写谏言,所立木柱称为谤木。至汉代,谤木发展演变为通衢大道的标志,因其远看如花,又古时"花"同"华",故称华表。

华表顶上之兽为古时传说中的动物,其性善吼叫,名曰犼。华表位置不同犼的朝向也有所不同。位于皇宫内的华表,犼冲宫内方向,称望君出,其意是希望皇帝不要经常深居宫中而要经常到民间了解民间疾苦。皇宫门外的华表,犼冲外,称望君归,其意是希望在外的君主不要在外游玩过久,提醒皇帝及时回宫理政。

这一时期通过设立专门官员惩治贪腐以及加强舆论监督等措施,有效地防治了腐败并促进廉洁,确保官员廉洁奉公,成为古代最早的廉洁文化。

二、獬豸

獬豸在古代廉洁文化中处于重要地位,为古代廉洁文化的重要象征之一,具有丰富的廉洁意蕴。獬豸为中国古代神话传说中的神兽,类似麒麟,大者如牛,小者如羊,独角,以辨曲直著称,在古代为执法公正的化身,也是监察官员秉公执法的象征。

相传皋陶用獬豸治狱,有怀疑犯罪的令獬豸判断,有罪的则触,无罪则不触。在獬豸的帮助下,皋陶决狱清楚,执法公正。传说春秋时期,楚文王曾获一獬豸，照其形制成冠戴于头上。秦灭楚后秦王将楚王冠赐给御史，即为獬豸冠。獬豸冠以铁为柱，其上施珠两枚，为獬豸角形。此后将獬豸冠作为监察官员的代称。

对于獬豸的形状，有"似羊""似牛""似鹿"等多种说法。《后汉书》记载，獬豸神羊，能别曲直。南北朝《金楼子》说："常年之人得神兽若羊，名曰解豸。"东汉《神异经》记载，东北荒中有兽，如牛，一角，毛青，四足似熊，见人斗则触不直，名曰解豸。一般认为獬豸类似麒麟，大者如牛，小者如羊，关键为独角，能辨曲直。称其似牛、似羊、似鹿为形似，如麒麟为神似。

獬豸与法有不解之缘，古体"法"字写作"灋"。廌即为獬豸，廌法二字合为一体，取其公正不阿、法平如水之意。从先秦到明清，獬豸形象一直被视为监察和司法官员廉明正直、执法公正的象征，也是监察官员与司法官员的重要标志。

秦代执法御史戴獬豸冠，汉代廷尉、御史都戴獬豸冠。东汉时期皋陶像与獬豸图成了衙门中不可缺少的饰品，獬豸冠则被冠以法冠之名。唐代监察御史准备弹劾时需戴獬豸冠，平时并不戴獬豸冠，上奏弹章时才特地戴上獬豸冠以示有所搏击。其他官员通过御史是否戴獬豸冠，判断御史是否有纠弹奏章上奏。

至清代，监察御史和按察使等监察官员都一律穿绣有獬豸图案的补服。故宫太和殿、乾清宫内的独角兽都是獬豸的化身，类似麒麟且独角。许多法院门口的护门神兽也是獬豸，许多法学院内的独角兽即为獬豸。

獬豸也是与监察官员相关的诗歌中常见的词语。唐岑参担任过补阙之职，在《送韦侍御先归京》的诗中有"闻欲朝龙阙，应须獬豸冠"，张谓也有诗"越人自贡珊瑚树，汉使何劳獬豸冠"。

三、八骏日行三万里

自古以来中央政府如何加强对地方政府的监督，既是重要问题也是重大难题，先秦时期君主通过巡狩制度加强对地方部落首领监察是重要途径之一。有记载的巡狩可追溯到黄帝时期。黄帝曾东至于海，西至于空桐，南至于江，北逐獯鬻。在当时交通通信极其不便的情况下,巡狩是一种加强地方监察的可行途径与手段。原始社会时期本来就有依季节而流动的习性,巡狩也是遵循这种习性。

五帝之一的颛顼也经常巡狩,曾北至于幽陵,南至于交阯,西至于流沙,东至于蟠木。舜从摄政的第二年就开始巡视四方,每五年巡视一次。舜根据巡狩情况对犯罪的部落首领进行处置,曾流共工于幽陵,殛鲧于羽山等,而天下咸服。

唐李商隐有诗:"瑶池阿母绮窗开,黄竹歌声动地哀。八骏日行三万里,穆王何事不重来。"传说中周穆王乘八骏日行三万里,即行巡狩之实。以后诸代虽然皇帝未必亲自出巡,但通过派出官员巡察地方。明代巡按御史"代天巡狩,如朕亲临"将巡察地方发展到极致。秦王嬴政统一全国后五次巡狩全国,而最后一次崩于巡狩途中。

第二节 夏商周廉洁文化

一、周公廉洁思想

夏商时期,君主对官员的监察主要依赖于宗教神权,史官在实施监察时也主要凭借占卜和祭文以有效加强对官员的监督,促进官员廉洁。西周承袭夏商制度,鉴于夏商亡国之祸,统治者有意识约束自身权力,强调以德配天、敬德保民。

西周初期周公摄政。周公曾协助周武王灭商,周成王即位时由于年幼由周公摄政。周公积极推行宗法制、分封制与井田制,为巩固西周统治做出了积极贡献。

周公提出"以德配天,明德慎罚"的思想。周公指出,上天只会把统治人间的天命交给那些有德之君,如果统治者失去德行则会失去上天庇护,新的统治者将应运而生,取而代之,因此作为君临天下的统治者应该"以德配天",否则就会被取代。

周公特别强调"德"的作用,并将德上升到关系国家政权安危的地步,强调天子必须加强自我克制与实行德治廉洁从政,即明德。要求统治者敬天保民,勤于政事,不可骄奢淫逸,必须顺应民心、爱护大众,并要知道稼穑艰难,礼贤下士,慎重对待民众的批评,认真听取民众的意见并修正错误。这样的目的是要做有德之君,以免被上天舍弃而被替代。为实施德教,周公归其为"礼治",即要求君臣上下、父子兄弟都按礼俗生活,以达到和谐安定的境界,从而使天下长治久安。

周公强调要慎用刑罚,要用德教的方法治理国家。实施刑罚时应该放宽放缓,反对乱罚无罪和滥杀无辜,不宜一味用严刑峻法使臣民服从。但对贪官污吏要坚决惩罚,以确保形成忠于君主、廉洁奉公的社会环境。

周公作为殷纣灭亡的见证者和辅助成就西周大业的亲历者,对于安逸亡国亡身深有感触。周公一再告诫,居官为政切不可贪图享乐,要知民之苦,行廉洁之政。周公强调要时时刻刻严于律己,真正廉洁的人是不会找借口以贪图享乐的。

周公特别强调官员要戒酒,专门作《酒诰》以强调戒酒的必要性。早在仪狄作酒时,禹就指出后世必有以酒亡其国者。周公强调戒酒,一是因为酗酒不仅败坏人们的品德,而且是国家丧乱的根源;二是因为正如禹所指出的,酗酒亡国者教训深刻,正可谓殷鉴不远。周公指出在特定场合下可以饮酒,即祭祀时可以喝酒,但绝不可喝醉。此外,敬老人和长辈时可以饮酒,但均要控制酒量,不可饮酒过量而逾礼。总之,周公强调无论在什么情形下官员都不可饮酒过度,并且指出不沉湎于酒也是西周战胜商殷的重要原因。

周公的廉洁思想既有对上古时期廉洁思想的继承,更有其自身的发展,他更加强调君主明德爱民并对贪官污吏加强惩罚,对后世产生了重大影响,尤其是其廉洁思想经儒学传播后对后世的廉洁思想发展具有重大作用。

二、周代人才选拔

将品行廉洁且具有较高才能的人才选拔至官僚体系,是促进官员廉洁奉公的必要保证。夏商周时期实施世卿世禄制。世卿世禄制下虽然爵禄可以世袭,但王和卿大夫之子并不能直接继承爵禄,而是必须经过培训并且考核合格后,才有资格继承爵禄。通过这种制度安排,可有效防止德行及才能不足的人承袭爵禄。

夏商如何选拔人才无籍可考。周代选拔人才,首先要通过乡举里选,再由乡贡举到诸侯或天子。贡举人才由地方基层逐级向上推举选拔,因此称为乡举里选。人才评选的标准包括德行、治事和言语,其中德行为上,其次是治事,再次是言语。通过强调德行为上确保将具有廉洁品行的人才选拔至官僚体系,相对而言治事能力尚在德行之下,这也为此后历朝历代强调道德品行奠定了基础。

一般认为后世科举即肇端于西周的乡举里选。周代乡里每三年举行一次"大比",考试选拔贤能之士,一般这也被视为汉代察举孝廉与秀才的滥觞。每三年举行"大比",也成为宋代将科举定为每三年举办一次的理论依据,三年一次的科举也被元明清所继承,举办科举会试的当年也被称为"大比"之年。直至清代开办恩科才改变每三年举办一次科举的惯例,不过清代正常科举仍为三年一次。

周代强调要实施廉洁政治重在选拔有德官员,因此将德行列至第一要考虑的因素。周代具有严密的考核体系以考察一人是否合格出任官职,具体措施包括"六征"。所谓"六征",一为"观诚",二为"考言",三为"视声",四为"观色",五为"观隐",六为"揆德",重点从这六个角度考察人才以鉴别其是否廉洁并能否胜任职务。具体而言包括诱之以利、省其交友、揣测其德等,以观察其是否贪财好货,是否廉洁公正,是否大公无私等。只有通过考核,被证明是廉洁与才能优秀之人,才能出任为官。

周室东迁之后选士之制渐废,诸侯公卿养士之制逐步兴盛成为主流。公立学校逐渐衰退,私人讲学之风日盛,这为春秋战国时期人才辈出奠定了坚实基础。

三、夏商周监察制度

为有效加强对官员与诸侯的监督监察,夏商周设置专门具有监督监察职能的官员。夏代末期设置太史令,太史令即具有一定监督功能的监察官员。殷商时期商王也明确要求诸侯国内设史官,以承担巡察与监督之职。

西周时期主要由史官承担监督监察职责,史官内部分工不断细化。史官由来已久,轩辕黄帝时期就由仓颉、沮诵担任史官。后来史官职能进一步细分,如太史负责国家大典,小史负责诸侯国史志,内史负责君主命令,外史负责记录君主外的要事,左史负责记录言论,右史负责记录要事等。

夏商之时多设史官,各官职多以某史命名。史官居于君侧,一般受君主信任,而且史官统掌祭祀、占卜和记事等职,由其所记录诸事而发挥监督作用,对文武百官实施监察。史官之所以能承担监察职责,主要在于他们位居君侧受君主信任,而且凭借君权、神权以及祭文、占卜等多种方式以判断官吏是非而使官吏畏服。正是史官的作用,君主逐渐寄予史官耳目之任,令史官监察中央百官。史官明习天下图书计簿,负责郡国上计,熟知四方政情,君主又令其监察地方官员,这样史官逐渐演变为弹纠官邪的专门官员。

西周时期史官系统的最高官员为太史,下设内史、御史与省史等官员。西周时期记载中即出现"御史"一词,如"我御史""朕御史"等。御史主要职责是掌管档案文书,职能之一即考察与监督其他官员。

史载老聃在周朝曾担任守藏室之史,即柱下史。老聃博古通今,周景王三十二年(前533年)孔子与弟子一起到洛阳向老聃求教。老聃对孔子说,聪明而深察者喜欢讥人之非,善辩而通达者好扬人之恶,所以不要以己为高、以己为上。孔子极为受益,认为老聃学识渊深而莫测,志趣高邈而难知,随时屈伸且应时变化。孔子称龙乘风云而上九霄,而老聃就像龙一样。

西周实施六官之制,即天官、地官、春官、夏官、秋官、冬官,天官为六官之首。天官首长称大宰,副长官称小宰,具体的监督监察工作由小宰负责。另设宰夫,位在小宰之下,具体承担百官考核铨取等职能。

西周出台"六计"考核官吏,将廉的要求置于首位。六计即考核监督各级官吏的六条标准,由天官副长官小宰执行六计。一计廉善,考核官吏道德品行是否端正;二计廉能,考核官吏的才干与能力是否适合所任职务;三计廉敬,考核官吏的工作态度是否谨慎、勤劳;四计廉正,考核官吏的工作作风是否正派、办事是否公道；五计廉法，考核官吏是否遵纪守法；六计廉辩，考核官吏判断处理问题能否做到临事不疑、临危不惧、头脑清醒和思路敏捷。以上六种考核内容既断以六事，又以廉为本，且以廉为首，特别强调官员要保持廉洁。

在六计的基础上周王对官吏三年进行大考核，即大计。大计由小宰负责，是对百官全面综合的审查考核。周代初步制定实施财会监督的审计制度，由宰夫具体负责审计工作，重点考核中央和地方各级政府与官吏的财政收支情况。

君主为加强监督监察亲力亲为，正如原始社会后期"八骏日行三万里"巡狩天下，夏商周时期君主继续通过巡狩加强监察。周天子巡狩一般在春秋两季进行，除春秋两季气候适宜外出外，主要是因为春季为耕种季节、秋季为收获季节。

周灭商后，周武王封纣王之子武庚于殷旧都，同时派他的三个弟弟在各自封地就近监视武庚，史称"三监"。周天子通过派遣监官进驻诸侯国内实施监督监察，即实施"监之于内"的监国方式。周王所置之监官为世守，由天子册命。世守地位崇高，禄与诸侯之卿相当，爵位仅次于诸侯国国君，正是通过强调世守的地位以充分发挥其监督监察作用。

夏商法律中设有专门针对官吏犯罪的法律规范与相关罪名。夏朝设墨罪即"贪以败官"，针对官吏为主体的贪污罪，所以后世也把贪污称为贪墨。商朝之初制定《官刑》惩治官吏犯罪，强调"儆于有位"，以通过震慑作用使官员不敢腐。

西周时期立法更加系统化，周穆王制定《吕刑》，规定官员有五种过错要受到处罚，即惟官、惟反、惟内、惟货、惟来等主要罪行以及相应刑罚。同时规定贵族犯罪可特殊处理，即"八议"，包括议亲、议故、议贤、议能、议功、议贵、议勤、议宾，如存在这八种情况则可从轻处理，"八议"也成为君主赦免亲信大臣的主要借口。

在君主加强对官员与地方诸侯监察监督的同时，官员与普通民众也对君主加强进谏以实现对君主的监督。夏商周时期君主也较为虚心地接受臣下与民众的监督。夏朝派遣遒人持木铎，专门负责搜集百姓的舆论与意见以了解民情。

西周时设采诗官行人、遒人到民间采诗观民风,以诗歌作为舆论监督媒介。《诗经》即是采诗观民风的舆论监督的积淀物,收录西周初年至春秋中叶的诗歌,后孔子将诗歌删辑为三百余首。《诗经》在先秦时期称为《诗》或《诗三百》,西汉时期被尊为儒家经典,始称《诗经》。《诗经》中具有较多的崇廉拒奢、赞美廉洁以及抨击贪腐等内容。

史官继续发挥监督作用。史官通过对历史的如实记载将君臣的善恶行为载入史册,客观上发挥了对君臣行为的监督作用。所以《孟子·滕文公下》写有"孔子成《春秋》而乱臣贼子惧"。

文天祥有诗"在齐太史简,在晋董狐笔"。所谓太史简,指齐国权臣崔杼弑君,太史及其两个弟弟因记载"崔杼弑其君"被杀,太史的第三个弟弟继续写"崔杼弑其君",崔杼就不敢再杀太史的第三个弟弟而只能听之任之。齐国另一负责记史的南史氏听说崔杼杀太史,便带着竹简赶过去要代替太史秉笔直书,路上听说"崔杼弑其君"已载入历史,才放心回家。史官不惜身家性命也要秉笔直书,使乱臣贼子惧以肃正纲纪,有效发挥了监督作用,也是古代廉洁文化的突出特色与中华优秀传统文化的瑰宝。

董狐笔亦指史书直书不讳。晋灵公即位后昏庸无道,残暴荒淫,丞相赵盾多次劝谏无效,后赵盾之堂弟赵穿杀死晋灵公。太史令董狐记"赵盾弑其君"。赵盾辩驳称晋灵公并非他所杀。董狐称,赵盾身居相位,逃亡未出国境,且返回后不惩办凶手,因而记"赵盾弑其君"。孔子认为,董狐没有错,据法直书不加隐讳,赵盾如果出了国境则可免除弑君之名。

第三节　春秋战国廉洁文化

一、儒家廉洁思想

春秋时期廉洁思想进一步发展,早有人提出"俭,德之共也;侈,恶之大也",把节俭作为廉洁的重要内容。在此背景下,以孔子为代表的儒家廉洁思想,对后世廉洁思想的发展具有极为重要的影响。

孔子廉洁思想的核心是"仁"和"礼",他不但强调统治者在廉洁建设中的作用,而且强调"君子"的积极参与。孔子强调廉洁建设的根本途径在于守"礼",官员的行为要符合周礼的要求,且光明磊落,不结党营私。而且孔子强调举贤纳能,慎重对待物质利益。

孔子提倡"仁者爱人",廉洁的根本在于统治者对待民众要宽厚仁爱,反对剥削掠夺。孔子强调为政者崇尚节俭廉洁,反对侈靡奢华,统治者要节约用度,量入为出,不可耽误农时,役使民众要有限度。统治者自身要加强道德修养,以身作则,为百姓树立榜样。

孔子强调以义为立身之本,"君子喻于义""君子义为上"。合于义,即真、善、美,不合于义,即伪、恶、丑。对于为政之道,孔子认为:"无欲速,无见小利。欲速,则不达;见小利,则大事不成。"但义与利并不是完全对立的,追求富贵是人的本性,但要取之有道,把修德行仁作为求利的方式。有道德的人都懂得义的道理,而"小人喻于利",没有道德修养的小人才会追求一己之私利。义利之辨成为影响中国古代社会人生价值观的重大问题,取义还是取利成为君子和小人之分以及清廉和贪浊之别的重要准绳。

孔子强调:"政者,正也。其身正,不令而行;其身不正,虽令不从。"因而君主与官员自身廉洁清正,对于推进建设清正廉洁的社会环境具有重要作用。孔子强调"举贤才",主张选拔循礼、知仁、取义的人为官,并在具体选拔人才的时候要"听其言观其行","视其所以,观其所由,察其所安"等,只有这样才能实现"大臣法,小臣廉,官职相序,君臣相正"。

战国时期以孟子和荀子为代表的儒家,进一步发展了廉洁思想。孟子指出"民贵君轻",廉洁的基础是处理好国君和民众的关系。荀子则进一步指出,君主的首要职责是解决好为民的问题。"君者,舟也;庶人者,水也。水则载舟,水则覆舟。"孟子特别强调"贤臣"在廉洁建设中的作用。荀子也强调廉洁的关系是用人,选拔官员的依据应该是"尚贤使能"。

孟子和荀子特别强调道德修养和加强法治在廉洁建设中的作用。孟子特别强调,官员的道德修养是确保廉洁的根本。孟子认为,廉是为官者高尚的道德规范，应是为官者追求的本性，为官者不仅不能有违法所得，而且不能获取违反道德的不义之财，否则取则伤廉。取则伤廉也成为后世官员婉拒不当所得时的最好说辞。为不伤廉则要清心寡欲，即养心莫善于寡欲。

荀子在强调道德修养重要性的同时，更加突出法治的重要性，提出"法者，治之端也"，强调要"隆礼重法"。既反对不教而诛，也反对教而不诛，甚至主张元恶可不待教而诛。荀子认为要实现廉洁，用人是关键，强调人的决定性作用，必须选择贤能之人为官，不能任用贤人为国之大患，国家不会长久。

孟子和荀子均认为君主在廉洁建设中具有决定性作用。孟子认为大臣应该进谏批评君主的过错，如果反复进谏而君主不听，则可逼君主让位甚至放逐、讨伐君主。君主是否廉洁不但会影响到治国政策，还会影响到官员是否廉洁，因而历代均特别强调加强对君主的进谏，进而演化出言谏系统。荀子也特别强调君主在廉洁建设中的作用，因为君为民之源，源清则流清，源浊则流浊，所以君主必须廉洁才能确保臣下廉洁。

二、法家廉洁思想

管仲把"礼义廉耻"视为国之四维，廉为其中之一，要"礼不逾节，义不自进，廉不蔽恶，耻不从枉"。但是如果四维出现问题，那么"一维绝则倾，二维绝则危，三维绝则覆，四维绝则灭"。管仲认为，四维不张国乃灭亡。管仲强调，君臣之间只是权力与利害关系，根本无信义可言。管仲把大臣划分为七种，即法臣、饰臣、侵臣、谄臣、愚臣、乱臣、奸臣，认为只有法臣为治国之臣，而其他种类的臣子只能祸国殃民。管仲指出必须加强监督、完善吏治才能使官吏做到廉洁守法，要坚决惩处不守法规的官吏，如果不存在健全完善的法制就不能对官吏进行良好的管理与监督。

春秋战国时期强调通过设立专门的监察官员以加强监察与监督。商鞅指出，依靠官吏相互监督根本不能发挥应有的作用，必须建立独立的监察机构才能纠察不法官吏，设立专职监察官员是必需之道。但并非所有的官员都有资格担任监察官员，只有廉洁奉公的人才有资格担任监察官员。君主必须有亲信羽翼以助视听，即必须设立专职监察官员并亲自掌控。

韩非特别强调加强吏治,指出君主的重点是治吏而不是治民,只要治好了吏,民自然就会大治,因而他把整顿吏治作为君主最重要的职责之一。选才要防贪者进,要推动廉者上。"明主之为官职爵禄也,所以进贤才,劝有功也。"君主不仅要自己奉公守法,而且要确立法规规范,使各级官吏各守其职,依法行事。尤其强调官员应遵守廉、直、公、正等道德规范。"所谓廉者,必生死之命也,轻恬资财也"。官员廉则不看重资财,甚至舍生忘死。臣僚清廉方正,国家才能强盛。因而官员要清正廉洁,切不可毁廉求财。韩非明确指出,为官如不廉、贪求私利则对国君权威有重大危害,如果官员不清廉为政必然导致政权危机。为使臣下清正廉洁,需要明法令以防患于未然,立廉耻以励下,用术以察奸治贪,并且要厚禄以养廉。

韩非强调,为加强吏治、促进官员保持廉洁则必须加强监察制度建设,君主必须要懂监察之术,君主要根据职责与任务而设置机构并任命官员,根据官员的职责而督促责权利相结合,对臣下操生杀之柄进而有效控制臣下的行为。君主要善于使用权术使官僚常怀恐惧之心,要全方位观察与听取臣下的言行并加以验证,而且不可过于仁慈,需赏罚分明。

法家并不仅仅主张监督官吏,也强调对君主进行监督,有必要专门设置负责进谏的官员。管仲认为,臣下必要的时候要死谏,而君主要虚心纳谏。君主接受纳谏才能保持清廉,通过君主的表率作用才能更好使官僚体系保证清廉,因而言谏制度也是促进廉洁的必要前提。《吕氏春秋》指出,天下非一人之天下而是天下人之天下,因此臣下要向君主进谏。

汉武帝独尊儒术更是推崇进谏与纳谏,强调君主对言官的进谏要采取嘉纳和宽容的态度。历代王朝基本遵循不杀言官的传统,视杀言官为亡国之兆。

三、监察制度

春秋战国时期官僚体系进一步健全完善,行政、司法与监察职能初步划分,监察逐渐独立于行政和司法,御史逐渐更充分地发挥监察职能。战国七雄均设有御史。为加强郡县监察也派遣御史到地方实施监察,魏、韩等国在郡县地方机构设置御史以监察地方官。

战国时期,御史逐渐具备监察郡县地方官的职能。《韩非子·内储说上》记载,战国时期魏国有一个御史去地方监察,当地郡令为抓住御史隐私派英俊男子勾引御史之爱妾,进而掌握御史的隐私,以要挟御史不能行使监察权。这既可能是有记载的最早的美男计,也间接说明御史具有监察地方之责。

战国时期随着中央集权的不断加强,中央加强对地方的监察越来越有必要。在此背景下战国时期各国逐渐派御史常驻地方,以有效实施对地方的经常性监察。

战国时期御史同样承担史官职能。秦赵渑池会上,秦王请赵王鼓瑟。秦御史即书,某年某月某日秦王与赵王会饮令赵王鼓瑟。蔺相如则请秦王击缶,秦王不得已击缶。蔺相如亦召赵御史记载,某年某月某日秦王为赵王击缶。

战国时期御史在承担史官职能的同时,监察职能逐渐增强。正是由于御史承担监察职能,一般官吏面对御史时会有一定的心理负担。齐威王曾问淳于髡的酒量。淳于髡回答酒量最好的时候可饮一石,但是如果执法者在旁而御史在后,这种情况下只能饮一斗,可见御史的作用。淳于髡也借此故事讽谏齐威王切勿过多饮酒,齐威王也虚心受谏,此后少饮酒。

巡行是有效加强对地方官吏监察的方式,不过国君巡行地方的次数有所减少,更多的是派遣丞相等官员巡行地方。齐威王时分别派官员调查阿大夫和即墨大夫的履职情况,虽然朝廷官员经常表扬阿大夫但阿县百姓贫苦,即墨大夫虽然经常被诋毁但当地大治,齐威王就烹阿大夫而奖赏即墨大夫,于是齐国官员震惧不敢饰非,齐国逐步强盛。

战国时魏国李悝编撰第一部成文法典即《法经》,《法经》充分体现了"刑无等级"的精神,对限制地方特权以及推进监察奠定了基础。李悝强调,王本人不在法律监督之内,而太子犯法则不免。

四、廉洁人物

春秋战国时期涌现出一批廉洁的官员,如孙叔敖和子产。

孙叔敖在《史记·循吏列传》中名列第一,被尊为循吏第一。所谓循吏即奉法循理的官员,他们上顺公法,下顺人情,恪尽职守,清正廉洁,道德人品及为政业绩均卓然出众,为世人敬仰。《荀子》和《吕氏春秋》将孙叔敖称为圣人。传说在幼时孙叔敖见一双头蛇,传言见此蛇必死,为防其他人看到,孙叔敖杀死此蛇并予以掩埋,后世因而称"埋蛇享宰相之荣"。

孙叔敖担任春秋五霸之一楚庄王的令尹,辅佐楚庄王强国富民、注重法治,最终使楚庄王成为五霸之一,而其本人谦虚谨慎、奉法守职,念国忧民,生不宠权,持廉至死,亡无积财,其子不得不靠打柴养活自己和母亲。楚国优伶优孟装扮成孙叔敖的样子,才使楚庄王想起孙叔敖的功劳赏赐其子。孙叔敖的儿子牢记其父临终前的告诫,坚决辞谢土地肥沃的封地,而挑选了一块土地贫瘠的封地,以免被他人兼并。

先秦有无名氏因孙叔敖殁后其子穷困,有感而发撰《慷慨歌》纪念孙叔敖:"贪吏而不可为而为,廉吏而可为而不可为。贪吏而不可为者,当时有污名;而不可为者,子孙以家成。廉吏而可为者,当时有清名;而不可为者,子孙困穷被褐而负薪。贪吏常苦富,廉吏常苦贫。独不见楚相孙叔敖,廉洁不爱钱。"

子产是春秋时期郑国贤相,在郑国推进一系列政治改革,宽猛相济。子产既强调为政以德,以道德的力量教化人民。同时也强调猛,即立法执法严格,用严刑峻法以防止人们犯罪。正是在宽猛相济的基础上,促进了生产,维护了社会稳定。子产不毁乡校,善于听取国人的意见,使郑国社会稳定,民生安乐。通过不毁乡校而保证人们的议政权和监督权,对推进政治清廉与防治官员贪腐具有积极作用。因而孔子对其评价极高,称其行为庄重,事君恭敬,育民有惠,役民有度,称子产为仁人。子产清正廉洁,家无余财。子产去世后,其子竟没有钱安葬。子产的儿子谨遵父亲教诲不接受捐赠,将子产安葬于邢山之上。

先秦时期随着社会生产力的不断发展,有关廉洁思想、人才选拔制度以及促进廉洁的监察制度逐步出台并趋于完善,对推进先秦时期的廉洁文化发展发挥了积极作用,并对此后廉洁文化的进一步发展奠定了基础。

第二章　秦汉廉洁文化

秦统一全国后进入中央集权的皇帝专制时期。为加强中央集权进一步强化对官员的监督管理,以促进官员清正为官廉洁奉公,秦汉进一步健全完善官员选拔制度与监察制度。在先秦廉洁文化基础上,秦汉廉洁文化进一步发展。

第一节　秦代廉洁文化

一、廉洁思想

公元前221年,秦统一全国后强化了中央集权制度,实施郡县制,统一法令、统一文字、统一度量衡,权力集中于皇帝。中央设三公九卿官僚机构。以法家学说为唯一合法的学说,强调以吏为师、以法为教。

秦始皇依据法家思想并结合秦国实际,开创性地构建了以御史大夫为主的中央监察制度,通过赋予御史大夫监察职权,有效维护皇权,控制相权。监察制度的关键在于维护皇权,要求臣下对君主尽忠并廉洁奉公。

在封建中央集权体制下,加强对官员的监督监察更为必要。丞相李斯特别强调"督责"的重要性,强调充分发挥监察机关的作用,对官员厉行监督监察,促使官员既要努力效力君主廉洁奉公,也要有效防止臣下徇私枉法。秦代通过大力推进监察制度建设,努力加强对官吏的监督与考察,循名责实、责用求功、赏刑并用，以达到臣下向君主效忠并廉洁奉公的目的。

选拔具有足够道德水准的人才到官吏队伍，是有效促进官员廉洁的必然要求。秦将吏分为良吏与恶吏，并分别提出了界定良吏与恶吏的相关标准。良吏有五善：一曰忠信敬上，二曰清廉毋谤，三曰举事审当，四曰喜为善行，五曰恭敬多让。同时为加强对官员的监督监察，制定《为吏之道》，明确规定了对为官者的要求。强调官员要忠信敬上，清正廉洁，克己奉公，严格执法，熟悉法律，不可玩忽职守，不准挪用公款，不准作奸犯科，不准随意任用官吏，考绩劣等者罚，司法要公正，并赏善罚失等。《为吏之道》特别强调，官员要清正廉洁而没有怨言，为官者要安贫乐道。《为吏之道》在积极倡导廉洁的同时，特别主张要对官员贪腐行为予以严厉惩治，如果官员对待百姓态度傲慢、不安于朝政、巧取豪夺以及因家忘国等，都要受到严厉处罚。

秦代在官吏的选拔、任用、职责范围与罢免等方面，努力加强对官吏的管理与控制。在周代对官吏考核制度的基础上形成了一套严格的考核制度。除每年一次考课外，还有三年一次大考，通过严格的考核督促官员尽心尽职廉洁自矢。考核内容广泛，主要包括国计民生等内容，根据考核结果排列等次，并分别给予升职、奖赏与惩处。

二、监察制度

秦代主要依据法家思想并结合实际，开创性构建了一套相对完整的中央监察制度与地方监察制度，以御史大夫为首的中央监察制度负责包括对丞相在内所有官员的监察，地方上则设置监御史以加强对地方的监察。

中央监察机关为御史府，又称御史大夫寺。御史府以御史大夫为长官，御史大夫位上卿，银印青绶，职掌副丞相。御史大夫位列三公，位秩仅次于丞相。御史大夫既纠察百官，也监督丞相并可弹劾丞相，御史大夫位高权重，在制约相权、维护皇权过程中发挥着重要作用。由御史大夫统领，由御史中丞、御史丞、若干侍御史组成的中央监察机关，行使纠察百官举劾违失的监督作用，借以纠察百官振刷纲纪。

秦始皇为有效制衡相机不遗余力，采用商鞅"利异而害不同者"相监的制衡术,规定丞相缺位御史大夫即可迁升丞相之位。这种制度设计使御史大夫与丞相相互制衡,御史大夫自可努力加强对丞相监督以图抓住丞相之错取而代之,丞相更要在御史大夫监督下兢兢业业防止出错而被御史大夫所取代。正是这种制度设计使丞相与御史大夫相互监督而维护皇权。为加强对丞相监督,秦始皇可谓煞费苦心,这种强化对丞相监督的理念与其自身经历有关。秦始皇初即位时仅十三岁,大权在丞相吕不韦之手,直到二十二岁才真正掌握权力。正是由于此经历,有效加强对丞相监督并限制相权就成为监察制度的重要内容与主要目标。

御史大夫有两位副职,一为御史中丞,一为御史丞。御史中丞主要承担监察职能,身居禁中经常跟随皇帝左右,负责监察朝中文武官员,也是实际上的御史府负责人。御史丞工作于御史府,协助御史大夫处理日常公务。其他侍御史常驻御史府,由御史丞率领,负责对百官的日常监督。

御史府的职责之一是处理重大案件。秦始皇三十五年(前 212 年)坑儒案,即由侍御史负责审问儒生,最终坑杀儒生四百六十余人。秦二世时赵高曾派遣侍御史杀蒙毅。李斯被赵高陷害入狱时,赵高多次派门人冒充侍御史审问李斯,李斯一旦如实陈述冤情即遭严刑拷打,如此数次后待秦二世派人审问李斯时李斯则不敢再改口供,终被腰斩于市。

加强对君主进谏是促进政治清明廉洁的必要前提,秦始皇首创言谏系统,言谏官员包括谏议大夫和给事中。谏议大夫职掌议论,无定员,可多至数十人。给事中职掌顾问应对,因执事殿中故名给事中。给事中为加官,无定员。所谓加官,指本官外再中加一官称以示其有权力参与或承担某项职责,但无俸禄及车马等待遇。秦汉始形成较完备的加官制度,有的加官消失,有的演变为正式官衔如给事中。秦末统一全国前具有良好的纳谏传统,如李斯的《谏逐客书》,因郑国开渠损耗国力秦王下令逐其他国家之人,因李斯之书而收回逐客之令。但秦始皇统一全国后进谏基本流于形式,秦始皇难以听进不同意见。

秦统一后划分天下为三十六郡,后来陆续增设至四十一郡。为加强对地方政府监察,郡除郡守和郡尉外设监御史。监御史直接隶属于中央而非地方郡守,监御史直接听命于御史大夫府,监御史受御史中丞直接指挥与节制,代表中央监察地方。监御史职责为监理诸郡,察举违法事宜等。监御史的重要职能之一是负责地方官员考课,官员考核结果分为良吏与恶吏两种,监御史把地方官员考核结果向御史府呈报。监御史也具备一定的军事和行政权力,负有领兵、兴修水利以及举荐人才等职责。

秦代继续通过巡狩加强地方监察。秦始皇二十六年(前221年)至三十七年(前210年)间,秦始皇先后五次巡狩,在颂扬功德威服海内的同时,也重点考察地方官员履职情况及廉洁状况。秦始皇崩于最后一次巡狩时,胡亥矫诏杀扶苏篡位,为秦二世。秦二世继位后也曾东巡郡县,并诛杀有罪的地方官吏。

秦始皇一次巡狩至河南原阳博浪沙时,张良曾觅力士椎击秦始皇座车未果,史称博浪椎秦。后张良辅佐刘邦,刘邦称张良运筹帷幄之中决胜千里之外。陕西汉中张良庙有对联,上联为"掷秦一椎",下联为"辞汉万户",横批为"知止"。刘邦欲封张良齐地三万户,张良坚辞。张良只求封初次与刘邦相遇的留,即今江苏沛县,"臣愿封留足矣,不敢当三万户"。所以张良又称留侯。

第二节　汉代廉洁文化

一、董仲舒廉洁思想

西汉成立之初信奉黄老之学,以无为治理天下,这对汉初经战争后休养生息、恢复民力极为重要。汉武帝时期国家经济力量逐步强大,但是包括官员腐败在内的政治危机日趋严重。在此背景下董仲舒提出"罢黜百家,独尊儒术"之说,并被汉武帝采纳,儒家学说成为官方学说,为当时及后世封建统治者奠定了理论基础。

董仲舒著有《春秋繁露》,共十七卷。书中董仲舒运用阴阳五行学说,系统建立并阐述其"天人感应"思想,并将儒家伦理思想概括为"三纲五常"。

董仲舒继承儒家"仁政"思想,提出一系列爱民主张,进一步强调儒家重义轻利的义利观,特别强调"义"的重要作用,反对一味追求个人私欲。为强化统治者的廉洁意识,他强调指出统治者为满足个人贪欲与民争利是腐败的恶因,也是社会道德沦丧的原因,而道德沦丧将进一步加剧政治腐败。只有官员保持廉洁不与民争利,才能使天下利益均布而人民安居乐业。

董仲舒在传统儒学理论的基础上创造了"天人感应"说,在强调"君权神授"的同时指出,封建君主既然是天意的体现,则君主必须秉承"天意"行事,因而不能为所欲为。在承认"唯天子受命于天,天下受命于天子"的前提下,天子必须接受天意的约束,作为君主不能为所欲为,这样客观上加强了对君主的约束。

董仲舒指出,如果君主不按天意行事而恣意妄为,则民众会奋而反抗,那些不顾天意的君主则会被民众推翻,在此前上天会有警示,即"灾异谴告",商纣王等即前车之鉴。董仲舒强调,为确保政治清明与官员廉洁,君主必须率先垂范做出榜样。"灾异谴告"说在客观上强化了对君主的约束,促使君主施行仁治,进而促进政治的清正廉洁,因此它具有积极作用。

董仲舒特别强调通过抑制人的贪欲来倡导廉洁,而为抑制贪欲则需要施行教化,遏制人的贪欲,进而推进廉洁之风。"天之生人也,使人生义与利;利以养其体,义以养其心。"为抑制人的贪欲,要处理好义利关系。"心不得义不能乐,体不得利不能安。义者心之养也,利者体之养也。体莫贵于心,故养莫重于义,义之养生人大于利。"董仲舒在承认义与利对立的基础上强调义利兼顾,而二者冲突时则强调重义而轻利、先义而后利,这样才能倡导廉洁之风而抑制贪欲。

董仲舒特别强调官员廉洁的作用,强调"至廉而威",即官员要公正廉洁率先垂范,只有做到廉洁才能有威望。为促进官员廉洁,更要加强对官员的管理监督。官员尤其是郡守和县令等地方官员,发挥着重要的承德宣化作用。如果地方官员不贤、不够清廉,则天子之德难以宣扬,天子恩泽不能流布。他强调必须加强对官员的教育和管理,官员必须抑制自己的贪欲,以使其廉洁奉公,因而需要出台相应制度以加强对官员的监督监察。

董仲舒特别强调从选官这一制度上保证吏治清廉,指出要把廉洁之士选拔到官僚体系中。董仲舒主张要举贤良，即以贤取士，如果能遍得天下贤人则天下贤才为君主所用，则"三王之盛易为，而尧舜之名可及也"。

为此，董仲舒提出，首先要改变官员的任用与升迁办法，大力选拔贤良廉洁人才，主张兴办太学培养人才，并由地方官员推举贤才，要打破论资排辈的升迁标准而要以道德为准。其次，特别强调加强对官员的考察，指出对基层地方官员的考察周期要短，地方大员要按月或季度来考察下属而确保其尽职尽责，天子对地方大员的考察期要每年一小考，三年一大考，三次大考后再根据考核绩效来确定升迁或处罚。

二、官员选拔机制

汉代人才选拔形成了一套相对完整的制度，即察举制。察是按照一定标准进行考察，举是举荐。由公卿列侯、刺史及郡国守相等推举人才，由朝廷考察后任以官职，即察举制。

察举制分为岁举和诏举。科目繁多，如贤良、文学、方正、孝悌、孝廉、能言极谏、秀才、明经等。岁举每年举行一次，诏举奉诏随时进行。岁举和诏举以岁举为主。察举的科目主要有孝廉、秀才、贤良方正、明经等，最重要的是孝廉、秀才二科，尤其是孝廉。

汉代选拔的人才大致分为两类：一是贤良方正，即"贤良方正，能直言极谏"之士；二是孝廉茂材。孝廉为孝子和廉吏的简称，孝则忠君，廉则爱民。茂材即秀才，因避东汉光武帝刘秀之讳称茂材，等级高于孝廉。汉代以孝治天下，特重孝廉之科，孝廉选拔人才重在德行。此外也有童子科等，选拔年龄十二至十六岁且能"博通经典"的少年。

自西汉元光元年（前134年）董仲舒首开倡议，诏郡国举孝、廉各一人，被选中孝廉者便成为入仕者的最佳途径。孝与廉最初分科选举，西汉晚期合二为一。至东汉，孝与廉在人才选拔中更为重要，成为诸科征选的必要前提，无论是诏选哪方面的人员，必须存孝悌清公之行，可以说孝廉是选仕的必要前提。汉代选官标准第一条即"德行高妙，志节清白"。统治者倡行名教，孝与廉集中体现了伦常纲纪。孝父母则可移孝作忠，廉则上能忠君、下能恤民，因而得到统治者异乎寻常的重视。"故汉制使天下诵《孝经》,选吏举孝廉。"

从实践中看,孝廉取士确实能征选出笃信孝道、德行高超之士。只有恪守君臣纲纪及忠孝伦常的人士才有可能得到荐举或征选,这些孝廉之士入仕为官后大都可志励行洁。儒家"学而优则仕"附加道德条件的选士做法也为此后科举制度所沿用。

察举制并非单纯的荐举,而是荐举与考试并行,经演变发展为先荐举再考试,以成绩定优劣而决定取舍的官员选拔制度。"东汉用人多以试取之。诸科之中,孝廉、贤良、有道皆有试,迁官则如博士,如尚书皆先试。至于辟举、证召,无不试者。"

举孝廉是推选官员的重要方式之一,但中选的人较少。推举孝廉者即举主如果推举某人其人孝廉,如果该人果然有才有德、孝廉兼具,可不拘资格骤加升擢,连举主也会记录受赏。但是如果举主所举不得其人,被荐之人以后如果贪赃枉法,轻则罪黜,重则抄家问斩,连同举主也要受罚。正是因为举主与被荐之人休戚相关,所以可从制度上保证把真正孝廉有才者推举出来;也正是如此,被推举之人对举主也会心存感激,才有杨震所推举之人向杨震献金之举。

举孝廉重在德行,但也为个别人制造可乘之机,导致举孝廉有所异化。一是个别人为名声被举孝廉时数推不就,数推不就导致名声更大,而最终会在后续被推举时才会视机会出任,这就导致个别人故意为名声而名声。而且有极个别的情形是:宁肯自污以成就兄弟之名,如冯梦龙所著《醒世恒言·三孝廉让产立高名》即是如此。二是由于宦官掌权,东汉后期推举孝廉几乎尽被宦官把持。

汉代察举虽然最重道德,但通行日久弊窦丛生,逐步蜕变。清代赵翼《廿二史劄记》称,"驯至东汉,其风益盛。盖当时荐举征辟,必采名誉,故凡可以得名者,必全力赴之"。于是"窃名伪服"者日出,钻营者益多。察举变成不察而举甚至误举滥举,也有人故意行非常之事而博声名以图被举荐。当时有称"举秀才,不知书;察孝廉,父别居;寒素清白浊如泥,高第良将怯如鸡"。

汉武帝独尊儒术诏建太学,天下郡国都立学官。太学以五经课士,以博士任教。东汉虽然继承西汉选官制度,但更加重视考试,而且考试更为严格。学校为人才养成之所。京师有太学,地方有郡国之学。汉代尤重师承和荐举,被荐举者为维护师门无所不用其极,号称"受爵公堂,拜恩私室"。

为推进官员廉洁建设,汉代实施官员回避制度。汉武帝时期实施官员籍贯回避,经演变至东汉桓帝时期制定《三互法》,即一是籍贯回避,包括州刺史不用本州人等;二是姻亲回避,分居不同州郡结为姻亲的任官要避开彼此的籍贯地;三是二州人士不得交互为官,如甲郡人任乙郡守,那么乙郡人不得任甲郡守。《三互法》要求选拔地方官员时必须做出上述三种回避,因而得名。史载:"东汉刺史可考者凡二百八十人,知籍者百六十七人,无一本籍,是避本州也。"

官员回避乃至《三互法》的出台意在防止官员结党营私以促进官员廉洁,该制度也为后世所沿用。但就实际情况而言,在东汉末期因为该制度导致官员选用困难,汉灵帝时期有地方官很长时间找不到合适官员任职,结果"万里萧条,无所管系"。但实施该法的初衷在于阻止地方官员结党营私,促进官员廉洁奉公,所以相关制度也被后世所继承。

三、监察制度

(一)中央监察制度

汉初监察制度基本承秦制,至汉武帝时期对监察制度进行重大改革,监察制度逐渐健全完善,形成由御史大夫、丞相司直、司隶校尉并立的多元监察体制,以及"中丞督司隶、司隶督丞相、丞相督司直、司直督刺史、刺史督二千石,二千石督以下"的严密的中央和地方监察网络。

汉承秦制,仍设御史大夫,下仍设御史中丞和御史丞。御史大夫位居上卿,银印青绶,职掌副丞相,秩二千石。御史大夫掌管监察并担任副丞相,监察包括丞相及以下官员。御史大夫作为副丞相,丞相如因故缺位则御史大夫递补,借此安排以充分发挥御史大夫对丞相的监督作用。御史大夫下有两丞,各秩千石。一为御史中丞,一为御史丞。御史中丞在殿中兰台办公,督管地方部刺史,下领侍御史,负责接受公卿奏事与举劾按章等职能。御史丞负责弹劾百官与日常工作。

丞相司直于汉武帝元狩五年（前118年）设置，秩比二千石，与御史大夫平级，高于御史中丞，职掌监察官吏。丞相司直在行政系统内属于由丞相执掌的监察官员，代表丞相对行政系统官员进行监察。东汉光武帝将丞相改司徒，丞相司直改司徒司直，到建武十一年（35年）废司徒司直，后不再设。

司隶校尉于汉武帝征和四年（前89年）设置。鉴于实际情况，汉武帝认为仅靠丞相司直和御史大夫远不能监察皇亲及百官，必须有一个特殊的监察组织以弥补监察不足，为此建立新的监察组织，最高长官即司隶校尉。司隶校尉位尊权大，专察京都近郡百官，自皇太子、三公以下无所不纠，并负责督察京师周边七个郡和一个州的司法治安。

东汉时司隶校尉部成为正式行政区，是十三州之一。汉灵帝时改刺史为州牧，司隶校尉影响力比以往更加显著。因为司隶校尉的重要地位，东汉末在外戚与宦官的斗争中一方常借重司隶校尉的力量。宦官单超等谋诛大将军梁冀，汉桓帝派司隶校尉张彪率兵围困梁冀住宅，逼迫梁冀自杀。东汉末年外戚何进欲诛宦官，以袁绍为司隶校尉，后来袁绍尽灭宦官。由于司隶校尉的重要性，董卓称之为"雄职"，李傕专政时自领司隶校尉，曹操位居丞相后仍要兼职司隶校尉。

司隶校尉最初持节并领有精兵，后不再领兵也不再持节。汉元帝时诸葛亮远祖诸葛丰曾担任司隶校尉，严格执法，众人畏惮。当时有民谣"间何阔？逢诸葛。"其意是，为何这么久没有看到这个人，是因为他遇到了诸葛丰有了麻烦。

御史中丞、司隶校尉、丞相司直是汉代中央监察系统的三大组成部分，三者在行政上各自独立，无隶属关系。丞相司直与司隶校尉不可妨碍御史中丞监察职能。司隶校尉权重，但序位官秩低于丞相司直，以防其过于膨胀，司隶校尉又可监督丞相司直。这样既可强化中央监察体制，也使主要监察官员置于其他监察官员监察监督之下，以防某一监察官员坐大不受控制。

西汉监察机构仍为御史府，也称御史大夫寺。御史中丞作为御史大夫的副手和监察实际执行者在殿中兰台办公，除职掌监察外也职掌图书典籍档案。

正是因为在殿中兰台办公,监察机构有时也称兰台。因兰台同时职掌管理典籍图书等,所以兰台也指档案馆。现在兰台主要指档案馆而非监察机构。

东汉时期监察机构独立,撤销御史大夫一职,御史中丞为最高监察长官,并从皇宫内搬出单独置署办公即御史台。宣秉在光武帝建武元年(25年)担任御史中丞,东汉光武帝刘秀特诏御史中丞与司隶校尉、尚书令会同并专席而坐,所以京师称其为"三独坐"。其他官僚朝见皇帝时都站着,只有他们坐着,所以称独坐。御史中丞、司隶校尉与尚书令独坐,与西汉时丞相司直与司隶校尉朝会时位居九卿之首,均为皇帝有意尊崇监察官员的特殊礼遇。

东汉时御史台多植柏树,柏树高直凛然,所以后世多以柏台森森寓御史台肃杀之意,代指监察机构凛然不可侵犯,来形容监察机构之威严。有野乌栖于柏树上晨去暮来,野乌又称朝夕乌。因御史台多野乌,御史台又被称为乌台。汉成帝时御史大夫改为大司空前,野乌数月不至,而且御史府舍内井水皆竭,时人以为即是御史大夫改名之兆。按惯例御史台门北开,一般政府机构大门向南开。御史台大门故意北开,以取其肃杀就阴之义。唐代洛阳作为陪都,御史台大门并不北开,被讥为不习故事。宋朝时苏轼陷于乌台诗案,因该案由御史弹劾引起,故称乌台诗案。

御史大夫在监察系统中具有重要地位,其人选以声望为第一,汉初多用元老重臣,后御史大夫多选用政绩卓著者。御史大夫由于其作用特殊、地位重要,升迁提拔的很多,一些御史大夫直接升任丞相。西汉任御史大夫者有六十九人,其中升任丞相的有二十二人,接近西汉丞相人数的一半。

汉代设专职监察官员不久,铁骨铮铮之监察官员屡有出现。汉成帝时丞相匡衡两次被司隶校尉弹劾,匡衡终被免为庶人。汉宣帝时霍光专权,侍御史严延年弹劾霍光。汉末侍御史张纲称"豺狼当路,安问狐狸?",奋力弹劾大将军梁冀。

(二)言谏制度

汉代言谏制度进一步发展。汉初言谏官员包括太中大夫等,无定员。元狩五年(前118年)设谏大夫,一般由道德高尚的宿儒担任,为加官。东汉时将谏大夫更名为谏议大夫,定额三十名,仍为加官。给事中作为加官,无员额限制,无固定职掌,官员加上给事中官衔即可出入禁中。

谏官职责主要是顾问参谋策划方略,即对皇帝提出的问题或做出的决策进行讨论或匡正谬误。汉武帝曾下诏鼓励举荐直言敢谏之士。汉代废除秦"诽谤者族"及惩治"妖言"的法令,允许谏官谏正朝政得失,出现了一些敢于直谏的官员,虽然这些直谏的官员本身并非总是言谏官员。

汉成帝时槐里县令朱云进谏,乞赐宝剑斩安昌侯张禹之头。汉成帝大怒,下令要斩朱云,命御史将朱云拉下殿,而朱云攀拉殿槛坚不松手,结果殿槛竟被拉断。朱云称,得从龙逢、比干游于地下足矣,但不知将来汉王朝会如何?朱云年轻时行侠仗义,倜傥有大节,后担任博士。汉时博士具有重要地位,汉武帝时按《诗》《书》《礼》《易》《春秋》分设博士,称五经博士。博士除在太学教授弟子外,遇国事有疑问则掌承问对。朱云任博士不久,担任槐里县令。汉成帝要斩朱云时,在左将军辛庆忌的求情下,汉成帝赦免朱云。以后要修此殿槛时汉成帝予以制止,称留此以旌直臣。此后,折槛就成为朝臣直言敢谏的著名典故,杜甫专写《折槛行》以咏此事,其中两句为"千载少似朱云人,至今折槛空嶙峋"。进谏的辛庆忌也曾进谏解救因反对立赵飞燕为皇后而被判死刑的刘辅,因而被洪迈在《容斋随笔》里评论,辛庆忌的这两件事可以和汉名臣汲黯、王章相提并论。

汉朝已有封驳之事,但尚未成为制度,也非监察官员专职。汉哀帝欲封董贤,而丞相王嘉封还诏书。钟离意担任尚书仆射时,也数度封还诏书。

至汉代,民谣仍是一种具有特色的监察方式。西汉时期设风俗使。东汉时皇帝或监察官员派使者深入民间,采访评价地方官员政绩优劣的民谣,作为朝廷考课官吏和实施监察的重要依据。在官方渠道了解信息的基础上辅以民谣,以全面了解相关信息。

(三)地方监察制度

汉初未对地方进行监察,汉惠帝时在郡设监御史,但监察效果有限。元封元年(前110年),汉武帝废除监御史。加强地方监察为客观需要,汉武帝以其雄才大略推出刺史制度。元封五年(前106年)分全国为十三部州,每部设刺史一人,负责该部的监察工作。

部刺史虽然职责是地方监察，但其本身属于中央监察体系，受御史中丞领导，与地方无关。郡守以下官吏由郡守负责监察，通过分层授权构建完整的地方监察体系。

制定《六条问事》，明确规定刺史重点监督二千石以上官员包括诸侯王、国相与郡守等官员的违法行为以及地方豪强的不法行为。《六条问事》是第一份具有规范意义的地方监察法规，明确规定"六条以外不问"。刺史加强对地方监察的途径主要有两个：一是定期巡察所辖郡国，二是接受举报。西汉时刺史在监察区内并无固定住所，东汉后刺史监察区内设有固定治所。刺史具有严格的籍贯回避制度，同时刺史一年一任不得连任。

部刺史年秩六百石，但以卑临尊，拥有代表朝廷监察地方上年俸二千石以上官员包括诸侯王在内的权力，而且部刺史赏厚而升迁迅捷。一般刺史居部九年任郡守或诸侯国相，而有异材功效者往往超级提拔。部刺史只有六百石级别可直升二千石的郡守国相，而且不一定任职满九年，这样良好的激励条件足以鼓励刺史认真履职。何武任扬州刺史五年迁为比二千石的丞相司直，翟方进亦由朔方刺史超级迁升丞相司直。益州刺史王尊任职两年，即迁为东平相。张敞任冀州刺史，代理太原太守，满一年正式担任。

对于这种刺史以卑临尊安排成功的关键原因，清代赵翼予以精确描述，称刺史"官轻则爱惜身家之念轻，而权重则整饬吏治之威重"。即刺史因为官职较低，因而不会因顾忌自身官职而畏首畏尾；而其权重，所以能有效发挥加强地方监察的作用。

对刺史制度除了有极为有效的激励安排外，同样具有严格的约束机制，刺史如果不能有效发挥作用对其处罚也极为严厉。正是因为以卑临尊且封优赏厚而且处罚严厉的制度安排，刺史制度经两汉四百年左右被证明是行之有效的地方监察制度安排。

东汉初期建武十八年（42年），设刺史十二人各领一州，京畿一州由司隶校尉兼理。东汉部刺史职权不断加强，开始拥有固定治所，其职权不限于监察，还有黜陟之权。部刺史不参与地方行政仍以监察为主，但部刺史每年不再亲自向皇帝汇报工作，而是由下属进京汇报。

东汉末年为镇压农民起义,将部分刺史提升为州牧,赋予民政和军政权力,州牧集民政、军政与监察于一身,史称州牧出镇。汉灵帝时太常寺卿刘焉向皇帝建议,说刺史官秩太低难以有效控制郡守,建议改刺史为州牧并以朝廷重臣兼任。汉灵帝不识先祖设刺史监临州郡苦心,改刺史为州牧,即废史立牧。结果导致州牧权力过大,形成地方割据。东汉末地方监察趋于混乱,州牧成势导致地方割据。有汉四百余年能维护相对平稳,与中央对地方的有效监察密切相关,而东汉末废史立牧后地方割据导致灭亡。

汉代制定以督邮为主的地方内部监察制度。督邮由郡守领导,监督郡守以下官员,也可监督刺史。一般而言,督邮有东西南北中五部,称五部督邮。个别地区为三部或四部督邮。东汉每县分为五部,每部一名廷掾负责监察部内各乡吏员。设廷掾使对地方的监察由两级增至三级。

《三国演义》有记载张飞鞭打督邮,此督邮即为行使监察权巡察至刘备任职的县时因索贿不得欲诬告刘备被张飞暴打。鞭打督邮之事确有,而鞭打督邮者为刘备而非张飞。刘备讨伐黄巾起义有功,授职安喜尉,督邮巡行到县刘备求见而督邮称病不见。督邮巡县主要目的是裁汰因军功而任职的官员,刘备极可能在被裁汰之列故而暴打督邮。

东汉充任督邮者有的较为年轻。朱穆二十岁担任郡督邮,新太守惊奇其年少。朱穆解释,郡中盼望新太守如孔子,不是颜回不敢迎接孔子。太守更加惊奇,说我不是孔子但你可做颜回。

汉代皇帝继续通过巡狩以实施地方监察。汉高祖曾用陈平之计,伪称巡狩云梦以会诸侯,借机逮捕楚王韩信。汉惠帝、汉武帝也多次巡狩,汉武帝正是通过巡狩发现地方监御史形同虚设而废监御史之职。汉武帝元鼎四年(前113年)巡狩时,发现地方监察混乱,汉武帝在诛杀部分违法郡守的同时,对地方监察体制进行反思,最终设刺史一职以加强地方监察。

东汉时期皇帝同样重视巡狩,光武帝刘秀巡狩就有六次。皇帝借巡狩考察官员,在惩罚不法官员的同时提拔优秀人才。刘秀一次东巡后不久,把陈留太守玉况擢升为司徒。陈留督邮虞延不久也被司徒辟举为掾属,随后又先后担任洛阳令等职,最后位及三公。

（四）监察官员

汉代在选拔监察官员时，强调要具备忠直亮节、通晓法律、政绩显著等特点。从官吏中选拔的多是政绩卓越和政声卓著的有经验的官吏，如汉初张苍、晁错、桑弘羊和张汤等。从儒生中选拔的也多是明习法律或科名高第之士。

汉代选拔监察官员大致包括察举与征辟等几种方式。通过察举推举出来的监察官员在中央可担任侍御史与御史中丞，在地方可担任刺史。朱云曾被华阴守丞推举以秩六百石任代理御史大夫，但因资历过浅且无先例，现任御史大夫清白廉正，故而未被批准，华阴守丞则被指为心怀奸心而被判罪。辟除指聘用，即指高级官员聘用属员。御史大夫有权聘用僚属，被聘用的人员以后有较多提拔的机会。

汉代重视从有经验的官吏中选拔监察官员，初任监察官员只能担任一些低级的职务。一般而言，除了个别察举的监察官员，中级监察官员一般从具有政绩的低级官员中选任，高级监察官员从具有政绩的中级官员中选任。

监察官员每年一小考，三年一大考，每年考核做出考绩评语，三年大考根据三次小考成绩综合做出"最"或"殿"的评价。不称职者为殿，最优秀者为最，并据此予以奖赏或惩戒。监察官员封优赏厚，既吸引优秀有才干之人担任监察官员，也利于监察官员积极履职。

四、廉洁人物

汉代突出的廉洁人物有赵广汉与杨震等。

赵广汉号称"发奸擿伏如神"，为中国古代十大清官之一，西汉宣帝时任京兆尹。为官廉洁清明，打击豪强权贵，在地方任职时严格打击贪腐和黑恶势力确保一方平安，任京兆尹时不畏权势执法如山。发明号称中国最早的举报箱，即制成形状像竹筒口很小可入不可出的器具"缿筒"，缿筒对举报黑恶势力发挥了重要作用。设置缿筒后百姓可以匿名举报不法分子而不怕被打击报复，而且赵广汉故意泄露举报内容向外说是豪族子弟所举报，这样引起大族间相互猜忌，待证据齐备后赵广汉迅速出击将首恶和重要分子捕杀。任职中央时，赵广汉奏请皇帝给基层吏员予以品秩和俸禄，有效降低了基层吏员的贪污受贿问题。后因赵广汉性格过于刚烈不计后果,办理丞相婢女死亡案中因"摧辱大臣"而被腰斩。赵广汉去世后被百姓铭记,称其为京兆尹廉明威制豪强,百姓追思歌之久远。

东汉后期政治日趋黑暗,曾任太尉的杨震以"清白吏"为座右铭,严格要求自己不受私谒。前半生隐居乡间屡不应召,教授门徒人称"关西孔子"。杨震年五十方才出仕,为官清廉,正直无私。其曾举荐的昌邑县令王密为报答举荐之恩深夜送钱给杨震,称"暮夜无知者"。而杨震说:"天知,神知,我知,子知,何谓无知!"自此,杨震以"四知"而扬名天下。杨震秉性清廉不受私谒,子孙常蔬食步行,不肯为子孙置业,称"使后世称为清白吏子孙,以此遗之,不亦厚乎!"其子杨秉有其父之风以廉洁著称,曾孙杨奇、杨彪都有祖上清廉之风。

汉代监察名人辈出,张纲是其中杰出代表。张纲为张良后代,少明经学,虽为世家之子而厉布衣之节。举孝廉不就,后辟高第任命为侍御史。汉安元年(142年),汉顺帝派遣八名专使巡行地方,专使大多是年老博学名士,张纲年纪最轻、官职最低。张纲离京出巡至洛阳近郊,把车轮卸掉埋进土里,愤然宣称:"豺狼当道,安问狐狸!"意指有豺狼那么大的权奸不问却去查办狐狸那样的小贪。"豺狼当道,安问狐狸"也成为著名典故。张纲愤然上疏弹劾大将军梁冀,称其天所不赦亦加大辟。疏上而京师震竦。梁冀之妹为皇后,汉顺帝不听张纲之言。后梁冀借机陷害张纲,派其广陵平乱试图借刀杀人,张纲以招抚为主顺利平乱。张纲埋轮极为知名,后代诗人多有诵其事者。如骆宾王"惊魂闻叶落,危魄逐轮埋",苏轼"纵未家生执戟郎,也应世出埋轮守"等。刘知己在《史通·言语》中称汉代可称者类似朱云折槛以抗愤,以及张纲埋轮而献直。

秦汉时期随着全国统一、经济社会的发展,廉洁思想与监察制度不断发展,涌现出一批廉洁人物,廉洁文化进一步发展,尤其是促进官员廉洁的监察制度对促进廉洁文化的发展发挥了积极作用。

第三章　魏晋南北朝廉洁文化

魏晋南北朝时期虽然战争频发,但廉洁思想持续发展,官员选拔制度与监察制度也持续健全发展,涌现出一批廉洁人物及廉洁作品,廉洁文化进一步发展。

第一节　廉　洁　思　想

一、曹操廉洁思想

曹操一生简朴,曾以"侈恶之大,俭为共德"言志,这也是曹操一生奉行的行为准则。曹操雅性节俭不好华丽,后宫衣不锦绣,帷帐屏风坏则修补,攻城拔邑所得之物悉以赐有功将士,赏赐有功不吝千金,无功之士分毫不与,四方献御与下属共享。去世后陪葬品也极为简单,下令敛以时服,不以金玉珍宝陪葬。

曹操虽然在起兵之初发布过召贤令,称唯才是举而不问道德,但总体上更为重视选拔清正廉洁之士,重在选用有德之人,尤其是要求负责选拔人才的官员必须是清正廉洁之士。曹操任丞相后先后任用崔琰、毛玠等人主管选拔人才事宜。

曹操曾称赞崔琰有伯夷之风、史鱼之直,贪夫莫名而清,壮士更加自我勉励,可为时代表率。毛玠少为县吏,以清正廉洁有才著称,逐渐得到曹操重用。毛玠与崔琰共同负责选拔人才时,所举用人才均为清正廉明之士,而且以俭约自持引领风气,号称天下之士均以廉洁自律,虽然贵戚宠臣车马服用不敢过度。毛玠不畏权势,虽然是曹操之子曹丕推荐的人选也予以拒绝。毛玠自身也廉洁自矢,经常布衣蔬食,抚育贫苦,家无余财。毛玠以身作则,对扭转当时浮华风气不遗余力且效果显著。

正是曹操自身清廉俭朴且重视选拔清正廉洁之士,因而其手下多德才兼备之士,这也是曹魏能扫平群雄统一北方的重要原因。

二、诸葛亮廉洁思想

诸葛亮辅佐刘备建立蜀汉政权,被誉为"千古良相",有着丰富的廉洁思想。

首先,勤于政事,安抚人民。勤政与爱民是中华传统廉洁文化的重要内容。诸葛亮勤政名留青史,"鞠躬尽瘁,死而后已"为其一生的写照。诸葛亮不仅自身体恤民情,而且要求各级官员努力做到"清心寡欲,约己爱民"。为加强对官员的管理,促进其廉洁奉公,诸葛亮十分重视考察官员,并主要从民众感受的角度来评判官员优劣。

其次,重视法治,严于执法。诸葛亮以执法严明著称。诸葛亮认为,要想管理好国家不能仅靠仁德感化教育,而必须以定法度和明赏罚为根本,亦即要"威人以法"。尤其是针对蜀地治理失之于宽的问题制定严刑峻法,制定《蜀科》,作"八务、七戒、六恐、五惧"以教臣下,先令后诛,确保臣下保持廉洁。而且赏罚必信,执法如山。《三国志》称赞诸葛亮"科教严明,赏罚必信,无恶不惩,无善不显"。

再次,求贤若渴,选拔人才。诸葛亮把任用贤才作为治理国家的关键,十分重视选贤任能。诸葛亮提出"治国之道,务在举贤",并特别强调人才的道德情操。

最后,提倡节俭,廉洁奉公。诸葛亮认为,廉洁的关键在于统治者自身的作为。诸葛亮以身作则,严于律己,大力提倡俭朴节约、廉洁奉公,强调"不使内有余帛,外有赢财",极力反对奢侈浪费。除自己保持俭朴的作风,还严格要求自己的家人。在《诫子书》中强调"君子之行,静以修身,俭以养德,非淡泊无以明志,非宁静无以致远"。淡泊明志、宁静致远也成为诸多人士自励自警的重要格言。

三、王猛廉洁思想

王猛为前秦苻坚的重臣,为人深沉刚毅、气度宏远,被誉为诸葛亮式的人物。王猛早年任职县令时明法峻刑禁勒豪强,曾鞭杀一吏。苻坚知道后教训王猛为政要德化为先,不可过酷。而王猛则称要以法治乱邦,所以要为明君剪除凶猾,不敢承认所施是酷政之刑。苻坚对王猛的观点大加赞赏,此后持续重用王猛。王猛不负苻坚所托,锐意改革,效果显著,前秦国力大大增强。

首先,重视法治,王猛认为在天下纷争政局不稳的乱世必须要用重典,要以法治国、执法严明,严厉打击违法乱纪的贪官污吏与贵族豪强。在强力打击违法乱纪官吏的情况下,朝廷震动、奸猾屏气。所以苻坚感叹,现在才知天下有法也!

其次,重视人才,王猛积极培养人才。在努力选拔人才的基础上,积极兴办教育、培养人才。兴办教育推崇儒学,对于传承发扬儒家廉洁思想形成清正廉洁的社会环境,具有积极意义。

再次,着力发展生产,稳定人民生活。王猛采取一系列积极措施发展农业生产,努力增强国力。对百姓内崇儒学教以廉耻,通过努力恢复和发展经济,国力大大增强,人民生活有所改善,清廉之风也远胜从前。

此外,王猛积极调整民族关系,促进民族融合。废除胡汉分治,确立安抚百姓与少数民族和平相处的国策,有效地推进了各民族和睦相处与民族融合,对推进清明政治奠定了良好基础。

王猛曾任司隶校尉一职,严厉打击不法官吏,数旬之间贵戚豪强被诛者二十余人,于是百僚震恐风化大行,对于促进官员廉洁发挥了积极作用。

四、拓跋宏廉洁思想

471年,拓跋宏即位,即北魏孝文帝,他推出了一系列改革措施以提升国力,相关措施涉及政治、经济、文化等各个方面,包含着丰富的廉洁思想。

首先,大力整顿吏治,惩治贪官污吏,着力解决官员贪污问题,以有效促进官员廉洁奉公。北魏初,官员没有俸禄,官员经济来源主要是战利品及赏赐,在此背景下贪污风行。太和三年(479年),孝文帝祖母冯太后曾采取措施试图打击贪污行为,但收效甚微。太和八年(484年),开始全面实行俸禄制,"班百官之禄"。此后将俸禄制与严惩贪污行为相联系,实施俸禄后"义赃一匹,枉法不论多少,皆死"的严厉惩治措施。实施该法后,四十多位官员因贪污被处死刑,有效发挥了打击贪污行为的威慑作用。通过大力打击贪污行为,有效改变了社会风气,有力促进了廉洁之风。

其次,推进均田制和新租调制,积极减轻民众负担,安定民众生活,以尽量做到爱民与恤民。通过推行均田制有效提高社会生产力,与均田制相适应的新租调制大大减轻了民众负担,仓廪实而知荣辱,在生产发展的基础上民众生活改善、社会崇尚廉洁。

此外,健全监察机构,强化对官吏的监察。北魏前期监察工作主要是由候官完成的,而候官类似特务机构并不是正式的监察机构。拓跋宏废止候官之设,明确御史台职责,规定御史台长官御史中尉督司百僚,大大提升了御史中尉权威以加强监察,令治书侍御史纠察禁内,通过确保监察职能顺利实施而促进官员廉洁。

拓跋宏积极继承发扬传统廉洁文化精华,顺应时代潮流,提高社会生产力,促进民族融合,对于推动社会经济发展以及发扬廉洁文化做出了积极贡献。

五、苏绰廉洁思想

苏绰为西魏重臣,他推出的一系列改革措施对于促进西魏经济发展发挥了重要作用。苏绰向当时西魏掌权者宇文泰提出六条建议,宇文泰全盘接受并向全国推行。苏绰提出的六条建议既是改革与施政纲领,也充分体现了苏绰的廉洁思想。

第一,"先治心"。这既是改革的思想基础,也是廉洁思想的突出体现。苏绰认为心地清静是立身做人的根本，否则会"思虑妄生，见理不明"。地方官员是廉政的主体，只有加强官员廉洁建设才能促进经济社会发展，而加强官员廉洁建设的关键首先在于"治心"。苏绰强调儒家文化在治心中的作用，强调教之孝悌、仁顺和礼义。在治心的同时还要治身，为政者必须遵守儒家之道，躬行仁义、孝悌、忠信、礼让、廉干和俭约，这样社会风气才会好转，才能实现国家长治久安、政治廉洁。

第二，"敦教化"。通过加强儒家教育扭转衰败的社会风气，重点是以孝悌、仁顺、礼义教民，使政风敦朴，积极构建良好的廉洁社会风尚。

第三，"尽地利"。强调发展农业生产，只有在生产发展的基础上，才能生产富足、崇尚廉洁，推进社会风气好转。因而要求地方官督课农桑，使农夫不废其业、蚕妇得就其功。

第四，"擢贤良"。强调提拔贤明人才为官是促进廉洁的关键措施，必须通过行之有效的措施确保提拔贤明人才。强调要选拔德行才艺兼收之人，不可重才艺而轻德行。强调裁汰冗官，指出官省则事省，事省则民清。为考察官员是否廉洁称职为贤明之才，必须任而试之、考而察之，访其所以观其所由，则自可察其贤与不肖。苏绰强调廉洁的主体是官员，而选拔贤明之才是促进廉洁的关键。

第五，"恤狱讼"。司法公正作为社会公正的基础与表现，是推进廉洁建设的重要内容。苏绰要求官员必须"率至公之心"，确保赏罚严明。但对大恶必须重刑，做到慎狱讼与不赦大恶相结合。

第六，"均赋役"。为减轻民众负担，苏绰强调均赋役，要求地方官体恤民情、爱护民众，不可生事。为均赋役必须斟酌贫富，不可舍豪强而征贫弱。而做到这一点关键在于地方官，要求地方官必须存恤民之心，否则为王政之罪人。

苏绰对部门计账及户籍登记进行改革予以规范。"始制文案程式，朱出墨入，及计账、户籍之法。"所谓"朱出墨入"，即用红、黑两种颜色来区别出入以加强核算，通过这种记录方法对诸如户籍人口、土地田亩、赋税收入等进行动态更新与管理，并防止偷税漏税，保证财政收入。

苏绰的政绩卓著,他被称为"管子治齐,诸葛相蜀"。苏绰以身作则厉行廉洁,一心为公,不治私产、家无余财。因积劳成疾,苏绰病逝时年仅四十九岁。归葬时,仅以一乘牛车运载灵柩,以身体力行体现了廉洁之风。

第二节　官员选拔机制与监察制度

一、官员选拔机制

汉代察举制至后期逐步异化,为有效选拔人才,曹魏实施九品中正制。曹魏在州郡设立中正一职,由"贤有识鉴"的人担任中正,由中正负责品鉴人的高下。中正根据家世、道德、才能等将本州郡的人士分为上上、上中、上下、中上、中中、中下、下上、下中、下下三等九品,作为吏部对等授官的依据,把人才分成九品,即九品中正制。

九品中正制施行之初取得了一定成效。该制度注重乡里清议及人才本身的品德才行,铨定方法较为详慎,评定结果较为公正,有利于朝廷选拔人才。但随着政策的实施也逐步异化,由于担任中正者几乎全部是门阀世族,他们实际上把持着官员选拔之权。中正往往滥用职权不顾清议,等第高下难以反映人才实际情况,尤其评定受世家大族影响日深,位居上品者多为世家大族子弟。尤其是司马懿当政后,中正评定士人品级只论门第而不论才能,家世甚至成为唯一评判标准。

九品中正制创立后一直沿用至魏晋南北朝,弊端日深,世家子弟多登上品,寒门子弟仕进无路,导致"上品无寒门,下品无士族"。正是因为中正制度助长门第,门第拥护中正制度,形成恶性循环,到晋代九品中正制仍相沿未改。

二、监察制度

(一)中央监察制度

曹丕称帝后御史台真正独立,直接受皇帝控制,成为专门的监察机构,结束了秦汉以来监察权与行政权不分的状况。御史台以御史中丞为长官,下设治书侍御史二人。治书侍御史下设侍御史。设殿中侍御史居殿中监察非法之事。

御史台监察范围显著扩大,御史中丞职掌更加重要,监察领域包括财政、人事、军事等各个要害部门。为彰显御史中丞的权威,皇帝有意识赋予御史中丞一些特权,无论是上朝还是进殿都有相应的执掌与仪式,以昭显监察权的威严与至高无上。

南北朝时御史中丞自皇太子以下无所不纠,权威大大增强。南齐江淹即梦笔生花之江淹曾任御史中丞,权高位重。御史台长官也称南司,齐明帝对江淹说今君为南司足以震肃百僚,赞扬其为近世独步。

司隶校尉虽然仍存在,但监察作用相对较为有限,尤其是曹操等人兼任司隶校尉主要是增强其个人权势,而发挥监察作用属于次要。东晋渡江后撤销司隶校尉,将司隶校尉改为扬州刺史,原来司隶校尉的监察权收归御史台,御史台功能进一步得到强化。设置检校御史负责行马外的监察活动,以填补撤销司隶校尉后行马外缺乏监督的空白。

这一时期为弥补正规监察机构的不足出现了一些特殊监察机构,如曹魏的校事、刺奸,孙吴时期的校事,蜀国也有类似的监察组织。曹操掌权不久后设校事与刺奸负责监察。卢洪、赵达曾任校事负责刺举,有歌谣称,"不畏曹公,但畏卢洪。卢洪尚可,赵达杀我",足见二人权力显赫,在校事发挥一定作用后曹操杀赵达以谢同僚。曹丕登基后校事成为正式监察官,校事的存在使士家大族势力的发展受到很大影响,因校事权力之大朝臣对其无可奈何。正始十年(249年)高平陵事件后司马懿为笼络士家大族,应黄门侍郎程晓之请撤销校事之官。

汉代和晋初有监察部门不得监察弹劾三公和尚书的规定,晋惠帝时期允许监察官员依法对包括尚书在内的高级官员进行监察与弹劾。西晋时设黄沙狱治书侍御史,负责审理诏狱,东晋时废。晋文帝时御史中丞王怡曾弹劾权臣大司马桓温,桓温亦折服于王怡的勇气。

西晋刘暾担任侍御史刚正不阿。曾上疏弹劾司徒王浑,指责其蒙国厚恩但不能佐天子,且不能遂万物之宜。有一次武库失火尚书郭彰率百人自卫而不救火,刘暾责其为何不救火。郭彰声称我能截断你的角!监察官员号称獬豸,獬豸以角触奸邪,所以郭彰才有此说。刘暾大怒,声称天子法冠你也竟然想截角吗?于是索纸笔欲上疏弹劾郭彰,而郭彰见此则伏地不敢出声,在众人劝说下刘暾不再上疏弹劾。此后郭彰屏气敛气,外出尽量减少随行人员。

北魏御史台亦称南台,长官为御史中尉。御史中尉督司百僚,权势极重,出入千步清道。孝文帝时李彪任御史中尉,有一次李彪车驾与洛阳令元志冲突,二人互不相让,无奈找孝文帝裁决。李彪称御史中尉千步清道,洛阳令岂能与之抗衡竟不让道?元志称洛阳令京城所有人包括御史中尉均在其管理之内,岂有趋避御史中尉之理?孝文帝只好称御史中尉千步清道,洛阳令也非一般官员,下令他们分路而行。李彪与元志以尺量好道路,各取其半而行。这也是"分道扬镳"这个成语的由来。

李彪最初依附尚书左仆射李冲,李冲也尽力向皇帝推荐李彪。后李彪升任御史中尉,孝文帝对其极为欣赏,比其为汉代汲黯。李彪发达后对李冲不再礼遇甚至时有冒犯。某次孝文帝出征,李彪与李冲等共同负责留守事宜,二人爆发冲突,李冲囚禁李彪于尚书省并上章弹劾。为使李彪认罪,李冲又囚禁包括治书侍御史郦道元在内的其他监察官员,李彪为救属下承认罪状。孝文帝称李彪傲慢自大,而李冲也些许过分,赦免李彪死刑予以免职。李冲经过冲突精神失常而亡。

郦道元以撰写《水经注》闻名,此次事件郦道元作为治书侍御史受到影响。郦道元出身世家,被李彪提拔为治书侍御史。有书将李冲弹劾李彪之事误为郦道元弹劾李彪,并将其作为治书侍御史也可弹劾上司御史中尉的典型,实误。后郦道元升为御史中尉行事刚正,因杀汝南王元悦的男宠而得罪汝南王。孝昌三年(527年),雍州刺史萧宝夤意欲造反。元悦借刀杀人,向皇帝举荐郦道元前往安抚,去安抚者必死无疑。郦道元途中被萧宝夤下属郭子恢围困所杀。

中正承担一定的监察功能。中正对官员的监察主要有两种方式:一是随时察纠,即中正对本州郡官员有察纠之权;二是三年清定,即中正每三年对官员进行清定考核，对不符合要求者可建议罢黜。

这一时期言谏制度有所发展。晋代创设门下省作为独立言谏机构，谏议大夫、给事中等谏官逐步归属门下省。东晋门下省职权进一步发展，诏书必须经门下省审署后下达，这样门下省通过驳诏行使谏诤之权。南齐时期谏官组织脱离出门下省，成立以规谏匡正为职掌的谏官组织，即集书省，谏官组织正式独立。谏议大夫专职规谏，已成为正员而非加官。南梁时起给事中开始具有封驳之权。

虽然监察制度持续健全完善，但受当时士族门阀权势的影响，监察官员作用发挥也受到影响。东晋时王导任扬州刺史时派人监察二千石官员，士族子弟顾和建议王导不必监察过严，称"明公做辅，宁使纲漏网吞，何缘采听风闻，以察察为政"。王导竟然赞叹称善。谢安同样奉行"清静""宽和"的理念，"不存小察，以弘大纲"。在此情况下监察作用发挥如何可想而知。

南朝时受门阀势力影响，监察制度难以发挥应有作用。时有风气，如果某个官员被监察官员弹劾，其家人会先以申诉、鸣冤为名纠缠监察官员，也会聚集到监察机关门前示威，并立誓与监察官员三世为仇。在此种背景下，虽然皇帝有心发挥监察机构作用但也无力。

北朝虽然通过赋予御史台长官千步清道等特权，努力发挥监察机构的作用，而且尽力支持监察官员，但也有监察官员专门弹劾小官而不敢纠治高官，所谓"严小吏而宽大吏，详去任而略现任"。

（二）地方监察制度

这一时期因战争频发，地方监察制度艰难发展。西晋统一全国后，曾一度取消刺史的行政与军事权专职负责监察，但"八王之乱"后刺史不得不重领军事与行政之权，此后至西晋灭亡，刺史一直掌握地方军事、行政与监察之权。东晋地方监察体制基本袭西晋之制，同时强调刺史州牧之间相互监察与相互监督。实施郡国守相行县的传统制度，以加强地方监察，要求郡国守相三载一巡行属县，春天巡行。

西晋继续设督邮加强对地方官员监察。名臣陶侃曾担任督邮。鄱阳孝廉范逵拜访陶侃时，陶侃无以待客，陶母则剪发以换酒食，此即"陶贤母剪发待客"。当时假发较为流行,所以卖发可以换钱。范逵离去时陶侃又追送一百余里,范逵在庐江太守张夔面前极力赞扬陶侃,张夔即任命陶侃为督邮。

督邮巡行至县时县令照例要出城迎接。陶侃曾孙陶渊明任彭泽县令时,有一次督邮巡行到县,因不愿"为五斗米折腰"迎接督邮而挂冠辞职。清袁枚《随园随笔·督邮》称,督邮官卑而权重,所以才有对督邮折腰之说。陶渊明挂冠后写《归去来兮辞》,称就任县令是为生计所迫,而辞职是宁可饿肚子也不愿违心逢迎上司。辞中称"归去来兮,田园将芜胡不归!既自以心为形役,奚惆怅而独悲?悟已往之不谏,知来者之可追。实迷途其未远,觉今是而昨非"。

南朝具有特色的地方监察制度是典签制度。南朝鉴于东晋门阀士族权力过大导致大权旁落,把地方军政大权交由皇子诸王出任刺史。由于诸王年幼,皇帝派遣出身寒门的亲信担任典签,协助或代替诸王处理地方军政事务。典签权力渐大,并由典签对府州实施监察。后来典签制度普遍推行,在各州一律配以典签。由于典签权力极大也被称为签帅。

典签对地方监察卓有成效,此后年长皇子出镇或其他官员担任州刺史也要受到典签的监控。典签对诸王与刺史的监察方式主要通过副署公文以及返京奏事两种。诸王及刺史向朝廷呈奏公事必须有典签副署,通过副署既监督上奏的内容,也有效发挥了监督作用。典签通过回京直接向皇帝奏报地方行为,回到地方后又"奉旨行事",向诸王与刺史发号施令,以有效发挥监督监察作用。

典签行使地方监察职权时为皇帝耳目之官。"秩卑则其人激昂,权重则能行其志。"正因为其权重,诸州唯闻有签帅,不闻有刺史。典签权力在南齐时达到极盛,齐明帝诛杀异己时诸王都是被典签所杀,竟无一人敢于反抗。典签权力及责任重大,所以对典签要求也极为严格。典签如果难以有效制止或上报诸王及刺史的不法行为,则被认为失职并会受到严厉处罚。庐陵王萧子卿赴南豫州刺史任时戏部伍为水军,典签没有上报,齐武帝得知此事后大怒,杀了典签。

第三节　廉洁人物与廉洁意蕴

一、廉石

东吴陆绩清正廉洁，任郁林太守时轻徭薄赋、爱惜民力，深受百姓爱戴。陆绩离任时除有简单行李及书籍外，别无他物。船家称船太轻难以入水航行，陆绩便买了笋干和咸菜来压船舱。但船仍太轻，陆绩无钱可买其他货物，无奈搬了一块大石运到船上，方安然回乡。

石头伴随陆绩回乡后，陆绩廉洁美名也随之传开。有人写诗："郁林太守史称贤，金珠不载载石还。航海归吴恐颠覆，载得巨石知其廉。"

《新唐书》有记载，陆绩后裔陆龟蒙"在姑苏，其门有巨石，人称其廉，号'郁林石'"。明代弘治九年（1496年），巡按御史樊祉将巨石从陆氏旧宅移入苏州府衙察院，取名"廉石"，建亭予以保护，并亲自篆写隶书"廉石"二字于其上。明代状元苏州人吴宽撰《廉石记》以记其事。康熙年间，苏州知府陈鹏年将"廉石"搬移至况钟祠，希望学子敬石做人，待考取功名后清廉为官。1988年，苏州市政府将"廉石"迁至苏州文庙"明伦堂"前。2008年，经认定，"廉石"成为全国首例廉洁文化商标。

二、贪泉

东晋吴隐之操守清廉。任广州刺史时，离广州二十里有水称为贪泉，相传饮此泉水者纵然清廉也将成为贪官。而吴隐之慨然饮泉水，并赋诗"古人云此水，一歃怀千金。试使夷齐饮，终当不易心"。吴隐之自比夷齐，明白表示决不会贪财。

吴隐之在广州为官期间，为官清正廉洁，以身作则整纲饬纪，岭南风气也随之渐渐淳朴。朝廷予以嘉奖，"孝行笃于闺门，清节厉乎风霜；实立人之所难，而君子之美致也"。表扬吴隐之"处可欲之地，而能不改其操；飧惟错之富，而家人不易其服"。

广州作为通商口岸,广州刺史是有名肥缺,此前刺史卸任时无不满载而归。而吴隐之始终廉洁自守,不贪不占,任满离任时与赴任时一样仍然身无长物,两袖清风,与其他刺史离任时"船载洋货,车载珍宝"形成鲜明对比。

贪泉此后也成为有名典故,唐王勃《滕王阁序》有"酌贪泉而觉爽,处涸辙以犹欢"。后人在石门建吴隐之祠予以纪念,祀有楹联:"清拟夷齐,百世闻风顽懦起;绩留岭南,一诗厉操士民思。"祠内有吴隐之像,祠前有贪泉亭。祠内立有"贪泉碑",碑首刻有吴隐之贪泉诗以儆世人。该碑为明万历二十三年(1595年)广东右布政使李凤等人所立。

三、白简霜凝

西晋傅玄任职司隶校尉时,经常上疏弹劾不法官员。傅玄天性峻急,难以忍受不法现象。每当要上疏弹劾不法官员时,有时正当晚上就整理好衣冠整夜不睡,手持白简坐而待旦。因为此事,便以白简霜凝比拟监察官员的威势,也经常以白简来代替监察官员上疏弹劾。

此后白简成为监察官员的著名典故。唐中宗时授苏珦任右御史台御史大夫,制书称"朱帷雾撤,初停州县之劳;白简霜凝,宜屏权豪之气"。陆游有《送杜起莘殿院出守遂宁》诗:"白简万言几恸哭,青编一传可前知。"杜起莘为杜甫后人,时任殿中侍御史出任遂宁知州,陆游以诗相送。

予人白简代表监察官员弹劾有关人员。清咸丰年间,监察御史孟传金上疏弹劾科场舞弊案,形成大狱株连甚广,正主考官正一品大员柏葰被判斩立决。就有人怪孟传金遽予人白简,孟传金也因而受牵连,被借故免去监察御史之职,退回原衙门。

四、风闻言事

风闻言事最早始于晋恭帝元熙年间。南朝齐沈约为御史中丞时,曾奏弹王源曰"风闻东海王源"。梁武帝天监元年(502年),明确授权御史官可以风闻言事,即使弹劾有误,监察官员也不负责任。

风闻即根据传闻而并非掌握确凿证据后才弹劾认为是犯法的官员,这对扩大弹劾范围、防止有罪之人漏网具有重要作用。不过所谓风闻言事,其实大多时间消息亦有所来源,风闻言事在很大程度上是一种托辞,是为了保护告发者而托言风闻言事。至唐代,御史台有专门人员在门口接受诉状,接受诉状后都说是风闻访知因而风闻奏事,以鼓励投诉并保护投诉者。

风闻言事扩大了监察的信息来源,监察官员奏劾状不必题写告事人姓名,为告事人保密,有效保护告发者,也起到鼓励人们告发贪官的作用。虽然难免为别有用心之人借机诬告他人提供了机会,但总体而言风闻言事对于扩大信息来源、有效打击犯罪官员具有积极作用,因而历代总是鼓励风闻言事,虽然个别时期禁止风闻言事,但并非主流。

五、《千字文》

《千字文》为南朝梁员外散骑侍郎周兴嗣所作,蕴含有丰富的廉洁内容。《千字文》作为启蒙读物"三百千千",即《三字经》《百家姓》《千字文》《千家诗》的一种,其廉洁思想影响极为深远。

《千字文》有一部分主要讲修养之道。从"盖此身发"开始,一直至"好爵自縻",重在讲述人的修养标准和原则。强调人要孝亲忠君,"孝当竭力,忠则尽命"。无论男女均要向最高标准看齐,而且知错要改,学到的知识要牢记,"女慕贞洁,男效才良。知过必改,得能莫忘"。做事要讲究信用而且胸怀宽广,"信使可覆,器欲难量"。要有高尚的道德追求,"德建名立,行端表正""似兰斯馨,如松之盛"。做官则要行使德政,使百姓缅怀敬仰,"学优登仕,摄职从政。存以甘棠,去而益咏"。无论贫穷富贵都要讲求气节和廉洁,努力培养谦让和善良的性格,"节义廉退,颠沛匪亏。性静情逸,心动神疲。守真志满,逐物意移。坚持雅操,好爵自縻"。

《千字文》蕴含着儒家精义,尤其强调加强个人修养重在修身,讲究德化爱民思想,具有丰富的廉洁意蕴。正因为其作为蒙学读物,影响着一批又一批人从小接受廉洁思想熏陶,对于培养廉洁人格以及形成廉洁社会风尚具有积极意义。

六、《颜氏家训》

南朝时颜之推著有《颜氏家训》。颜之推先祖为颜回,颜回为孔子高足。《颜氏家训》共二十篇,包括序致、教子、治家、风操、慕贤、归心等内容。《颜氏家训》"述立身治家之法,辨正时俗之谬"影响深远,号称"古今家训,以此为祖",对于推进古代廉洁文化发展发挥了积极作用。

首先,《颜氏家训》极力倡导儒家仁德,强调通过学习儒家经典,践行儒家伦理道德,重视品德操行修养。颜之推强调,圣贤之书教人诚孝,要通过学习儒家学说来学习做人的道理。读圣贤之书是手段,目的是要教人诚孝、慎言检迹、立身扬名。通过读书明理、读书做人,既加强自身修养,也有利于奉献社会、报效国家。

其次,《颜氏家训》极力强调廉洁齐家。指出治家宽猛与治国相同,道理一致。所以要以身作则,父慈子孝,兄友弟恭,构建良好的家庭伦理关系,这样才能构建和谐的家庭。它特别强调不可宠溺子女,要对子女严格要求。如果对子女恣其所欲,宜诫却奖应诃反笑,那么待子女成人后则骄慢已成,纵然严责也无济于事。而治国是同样道理,对大臣不可放纵,必须严格监督监管。

再次,《颜氏家训》特别强调勤勉俭朴。勤勉俭朴是廉洁修身的关键因素,强调要勤勉治学以开心明目,要珍惜光阴刻苦学习,这样小则谋生、大则报国。它极力反对奢侈,强调"欲不可纵,志不可满"。值得注意的是,在强调节俭的同时它同样强调不可过度节俭,要"施而不奢,俭而不吝"。强调谦虚谨慎,称"天地鬼神之道,皆恶满盈。谦虚冲损,可以免害",要保持朴素的生活作风。奢侈纵欲,不但可亡身败家,而且可丧国,因此必须保持俭朴的生活作风。

此外,《颜氏家训》强调要养生爱惜生命,但也提倡舍生取义。"夫生不可不惜,不可苟惜。"要注意的是不可涉险畏之途、做祸难之事、贪欲以伤身及逸慝而致死,但是如果行诚孝和履仁义导致丧身以全家和泯躯而济国,则是应尽义务。

虽然古代有诸多家训,但千百年来《颜氏家训》有其特殊地位,其提倡的廉洁思想对推进廉洁文化发展发挥了重要作用。

魏晋南北朝时期民族融合，战乱频发，在此时期涌现出一批廉洁人物及重要的廉洁思想，而且官员选拔制度与监察制度进一步发展完善，廉洁文化具有自身鲜明特色，也为此后廉洁文化的持续发展奠定了基础。

第四章　隋代廉洁文化

隋以后以科举制取代九品中正制,自此科举制度逐步发展完善成为选拔官员的主要途径,虽然隋代存续时间较短,但监察制度进一步健全完善,廉洁文化进一步发展。

第一节　廉洁思想与科举创始

一、杨坚廉洁思想

581年,杨坚篡夺北周政权,建立隋朝,称隋文帝。开皇九年(589年),隋灭陈,全国重新统一。杨坚对国家制度进一步改革。废除九品中正制,逐步推行科举制,由吏部直接掌握考核铨选国家官吏。设置尚书、门下、内史、秘书、内侍五省等中央机构。尚书省下设吏部、礼部、兵部、户部、刑部、工部六部,六部各分辖四司共二十四司。

杨坚崇尚廉洁,其廉洁思想重点是倡俭反侈。隋文帝对吏治进行全面整顿和彻底改革,而且以身作则注意节俭。统治期间躬节俭,平徭赋,仓廪实,法令行,强无凌弱,众不暴寡,人物殷阜,宇内宴如。告诫太子杨勇要节俭,否则难以顺民心继承帝业,称自古以来没有听说过腐化奢侈能长治久安。后废杨勇太子之位,未始与杨勇不够节俭无关。而杨广未做太子前善于伪装,表现得极为节俭。

杨坚强调倡俭反侈并以身作则,在社会形成节俭风气。而且他特别注重严肃赏罚,奖廉惩恶,对有功绩的官员予以奖励尤其是对清廉官员予以奖励,促进社会出现了一些清廉官吏。岐州刺史梁彦光有慧政"廉慎之誉,闻于天下",杨坚称其操履平直予以重奖,同时要求其他官员向梁彦光学习,"慕高山而仰止,闻清风而自励"。在奖励政策下清官廉吏纷纷涌现,如荆州总管、吏部尚书韦世康人称廉平,西宁州刺史梁毗坚决拒收少数民族首领送的金子,并称此物"饥不可食,寒不可衣"。杨坚废除九品中正制,诏举贤良,首先强调德行,其次重文才,选拔了大批明知今古通设治乱之士进入官僚体系。

杨坚对监察体制予以改革,尤为注重发挥监察机构作用,以有效发挥监察机构监督官员、促进官员廉洁的作用。史称,君子乐其生小人安其业,二十年间天下无事。但杨坚性多忌剋不纳谏诤,在朝唯行苛酷之政,未识弘大之体。在隋文帝灭陈南北一统时,即有监察御史房彦谦认为,当时天下虽安而方忧危乱。后房彦谦之言皆验。

房彦谦为房玄龄之父,历经东魏、北齐、北周和隋四个朝代,居官始终清廉自持,曾称"人皆因禄富,我独以官贫,所遗子孙,在于清白耳"。房玄龄担任宰相多年,始终清白自矢。史称:"玄龄佐太宗定天下,及终相位,凡三十二年,天下号为贤相;然无迹可寻,德亦至矣。"

杨坚后期渐开奢侈之风,自开皇十三年(593年)修建仁寿宫后,于开皇十八年(598年)自京师至仁寿宫又建行宫二十所,而且地方官员逐渐进贡珍玩。杨广继位后更是挥霍无度,最终导致隋短期内覆亡。正如《隋书》所称:"迹其衰怠之源,稽其乱亡之兆,起自高祖,成于炀帝,所由来远矣,非一朝一夕。"

二、科举创始

南朝后周时期豪门贵族大多数已趋崩溃,士族力量难以抗衡君主,君主力量逐渐伸张,在此背景下九品中正制失去了继续生存的政治基础。虽然隋成立之初仍循旧例,以九品中正制并辅以察举制选拔官员;但实际效果不佳,于是废除九品中正制与察举制,将官员选拔任命权收归中央,由吏部掌管。开皇七年(587年),杨坚下令诸州岁贡三人,但工商不得入仕。

隋炀帝杨广于大业二年（606年）七月下令开进士科取士，此为科举制之发端。进士之名起源于汉代，隋炀帝设立科目时借用进士之名，此后经演变进士也被称为通过科举所选拔人才的名称。进士科确立意味着朝廷设科招考完全以考试成绩决定弃取的选官制度，即科举制度。

州郡按照规定选拔合格者解送朝廷参加考试，因为是向朝廷进贡人才，所以被解送朝廷者称为贡士。州郡策试于前，朝廷策试于后。贡士通过朝廷考试之后即可授官。

隋开创科举制度在中华文明史上具有重要意义，科举制度作为选拔人才的重要途径，对于提升官员素质、打破人才垄断，推动社会发展发挥了重要作用。科举得官既受尊重又得重用，"进士之科，往往皆为将相，皆极通显""入仕者不复以身家为虑，各自勉其治行"，所以"名臣辈出，吏治循良。及有事之秋，犹多慷慨报国"。但隋代科举尚处于开创阶段而且隋代本身存续时期较短，因而科举制度仍有待继续健全完善。

第二节 监察制度

一、中央监察制度

隋进一步健全完善监察制度，对中央监察体制进行了较大的改革，构建了御史台、司隶台、谒者台三台并立的监察体制，言谏制度进一步发展。

隋成立之后对监察体制予以较大幅度的改革，着力整顿御史台内部的机构建制，逐步淡化御史作为天子监察官的身份，废除御史台掌管皇帝印玺符节的符节署，扩大御史官员的行政监督与法律监督职能。隋炀帝时期罢侍御史直宿禁中旧例，至此，御史台成为真正的监察机关。

御史台为中央最高监察机关，御史台与三省并列，直辖于皇帝。御史台以御史大夫和治书侍御史为正、副长官，负责包括对皇子在内的内外百官的监察，参与重大疑难案件审理。御史台不仅有行政监察权，而且有司法监督权与部分审判权。御史台官属由吏部考核任命,或由三省长官推荐皇帝敕授。

监察制度无论从机构建制、职责权限,还是运作程序等方面看均较为健全规范,弹劾对象上至王公贵族,下至九品以上官吏,凡是有违法犯罪、违纪违礼、失职渎职等行为者,监察官员均可弹劾。

隋文帝改东晋设立的检校御史为监察御史,自此监察御史作为在古代监察体制中具有重要地位的监察官员步入历史舞台直至清亡。监察御史负责在京内监视和考察尚书六部及中央其他机构的官吏,在地方分道巡察、监视军队、审查有关财计账籍等。监察御史权重,为群臣所惮。一次隋文帝与众臣饮宴时,京兆尹虞庆称有御史在不敢放饮而恐酒醉被纠弹,隋文帝令御史退出,众臣方敢尽欢饮酒。

杨广即位后进一步改革监察制度,新置谒者台、司隶台。谒者台、司隶台与御史台合称三台,三台监察重点各有侧重,相互补充。门下省作为封驳部门,成为统掌言谏的机关。为有效监察控制百僚,在尚书省内部设立尚书左丞一职,主要监察本省诸司行政官员。

隋代监察内容进一步丰富,既有对行政人事礼仪的监察,又有对财政经济的监察,也包括对立法、司法、军事等方面的监察。监察形式包括接受检举、控告、采访调查、定期检查、重大政事活动亲临督察以及考课监察相结合等方式,又有在地方上的常驻与巡回相结合的方式。

为防止监察机构权力滥用,隋明令禁止风闻言事,构建反监和互察机制。所谓反监机制是指监察系统以外的官员对监察机构和监察官员的违法失职行为的纠举弹劾。为加强对监察官员的监督,开皇三年(583年),杨坚下诏命令尚书左仆射有权纠弹御史弹劾不当者。尚书左仆射掌监察,以防止御史独大及监察权滥用。尚书省内部另设尚书左丞一职,监察对象主要是针对本省内诸司行政官员,是行政机构内部监察。互察机制指监察系统内部官员之间的相互检举纠劾。反监互察机制使各级监察机构和监察官员既是监察的主体,也是被监察的对象。这种机制在有效防止失监失察现象的同时,还可以督促监察官员恪尽职守,既保证监察权的正常发挥,也防止监察权滥用。

隋代进一步健全完善监察法律体制。开皇律令与大业律令分别规定了监察机构的设置、监察活动的合法性、监察官员的职责与纪律、违法犯罪的定罪量刑等,这些既能有效激励监察官员履职,也能强化约束监察官员行为,防止其失职渎职,对监察官员违法犯罪失职渎职予以重罚。相关规定为后世通过法律明确监察体制内容及职能等奠定了基础。

二、言谏制度

为强化对君主的建议,隋代进一步强化言谏系统。言谏系统是隋监察制度的重要组成部门,属于门下省,门下省掌审查政令及封驳诸事。待废除集书省后,主掌献纳谏议的官员并入门下省,门下省职责更加明晰。门下省长官设纳言二人,正三品,后改纳言为侍内。纳言,职司侍奉内廷,献纳谏正,对政事应有所损益,否则即为失职。

言谏官员谏诤的主要形式是廷争和上封事。廷争是在朝堂上当面向皇帝直言得失。上封事是用书面章奏向皇帝指陈为政行失。隋代言谏制度日趋成熟,谏官以秉公奉职为先,努力尽忠规谏。

谏官作用的发挥与皇帝个人喜好具有重要关系,在皇帝不喜纳谏时谏官发挥作用有限。隋文帝时期政治较为清明,杨坚总体尚能虚心纳谏,但其猜忌心很重,往往对官员细小过失施以重责,而且常在殿内实施杖刑。而杨广刚愎自用,自称性不喜人谏且废谏议大夫一职,就算当时不发作而此后必杀之。在此情景下,言谏作用发挥极其有限,也间接导致隋较快灭亡。

三、地方监察

隋代前期为加强地方监察,主要是中央临时派遣监察官员或委托其他官员巡察地方,巡期不长且时间不固定,具有较强的目的性,事毕即归朝或回归主业。巡察大使代表中央行使权力,包括检查文卷、稽察钱粮、纠劾不法、举荐贤才、肃贪倡廉、抚慰济困等,这也是新的朝代成立之初监察体制尚不完备时一般实施的临时性地方监察措施,也是被实践证明行之有效的监察措施。

开皇十七年(597年),治书侍御史柳彧持节巡察河北五十二州。柳彧工作认真负责,奏免不称职官员二百余人,州县肃然。隋文帝对柳彧极为欣赏,后又派柳彧持节巡省太原道十九州。赵轨任齐州别驾时连续四年考核优等,百姓赞其"公清若水",巡察御史上报中央,隋文帝予以褒奖并将赵轨调任京官。

司隶台与谒者台是较有特色的地方监察制度。司隶台仿汉朝刺史而设,掌巡察,与御史台并列,主管地方官员的监察与考绩,以司隶大夫为台主,以别驾和刺史分巡畿内畿外。司隶台作为专事地方监察的机构,标志着对地方监察的进一步强化。以司隶大夫为长官,下设别驾和刺史。刺史定期巡察地方,每年二月开始,十月返回京师汇报巡察结果。

谒者台的职责范围较广,负责受诏劳问、出使慰抚、持节察授、清理冤狱等。谒者台的主要职责是出使与抚慰,并在此过程中了解民风政情与纠正冤假错案,对地方的监察是临时性且不定期的。以谒者大夫为长官。出使时根据事情大小分派不同官员,代表皇帝出使监察。

地方政府亦承担对地方官员的监察职能,承担监察职能的官员主要包括都督、刺史与录事参军。都督和刺史作为地方行政最高长官同时也是监察官,职掌考核官吏与宣布德化等,每年一次巡察州县。录事参军主管州县监察,主要通过地方官员政绩以实施对地方官员的监察。

隋后期为加强地方监察,采取定期监察与不定期监察相结合、常规监察与临时性监察相结合的方式。大业三年(607年)改州为郡,实施郡县制。州改郡后,郡首长品级较州首长下降一级,削弱地方权力的同时也利于中央政府加强地方监察。郡守下设通守以牵制太守,另设郡丞掌财政和审计之权以制约郡守和通守。隋末撤销司隶台,仅保留司隶官职虚名,地方监察不断被削弱。

为加强地方监察,隋制定地方监察法规《六察》,监察重点是地方官员理政能力等六条,其中有一条为是否有埋没德行孝悌和茂才异行的情况,显示了对忠孝廉洁的重视。地方监察范围较前代有所扩大,把地方官行政办事能力和廉洁爱民放在首位,并把所有地方官员置于监察之内。

四、监察官员

隋代对监察官员要求较一般官员要高,要求必须具备耿直敢言、公正廉洁,且器识远大、博学多才和明辨是非,并要有丰富的中央或地方基层工作经验等。

隋文帝要求监察官员不畏权贵,对不遵法度的官吏要敢于秉公执法、勇于监察。

监察御史弹劾的对象是权贵大臣,谏官谏诤的对象是皇帝,这就要求监察官员必须外禀刚毅之性,内怀骨鲠之操,疾恶如仇,公正廉洁,大公无私,必要时要不惜个人身家性命,专利国家而不以身谋。

为强化对监察官员的控制,隋朝建立之初即废除御史台官属由台主选拔的旧例,由尚书省吏部负责考核监察官员,或由三省长官推荐皇帝敕授。监察官员基本能积极履职,勇于弹劾不法官员等。

对监察官员的考核有定期和不定期两种,考核内容与标准是正直敢言、处法平当两项指标,并根据考核结果决定监察官员的升迁罢黜。因监察官员责任重大,对监察官员的职务犯罪惩罚也极为严格,对于违法犯罪失职渎职的监察官员将予以严厉惩处,以督促其尽责履职、不可知法犯法。

五、廉洁人物

隋文帝时期骨仪任侍御史,执法清平公正,不畏权贵,为官清廉,不为权势利益所惑。隋炀帝即位后,高级官员贪污受贿成性,而唯独骨仪砺志守常介然独立,不与诸官同流合污,始终保持廉洁本性。隋炀帝也被骨仪的高风亮节所感动,提拔其为京兆郡丞。

房彦谦被称为循吏,但处隋代后期政治腐败,郁郁不得志,他居官数十年官俸散尽,而且把自家产业也用以救济穷人。致仕后经常教育家族子弟一定要清廉自守,不可同流合污。他曾对儿子说,人皆以福富我独以官贫,所遗子孙只有清白!

隋炀帝时期鲁郡太守郑善果本性忠厚,清廉自持。郑善果的母亲为名门之后,非常希望儿子能够清廉自守、不辱门风。在母亲的教诲督促下,郑善果为官兢兢业业、公正廉洁,拥有良好的口碑。

隋代虽然存续时间较短,但廉洁文化进一步发展,尤其是科举制度与监察制度的发展,为此后进一步健全官员选拔制度与监察制度以促进官员廉洁奉公奠定了坚实基础。

第五章　唐代廉洁文化

至唐代，作为官员选拔制度重要形式的科举制进一步发展，监察制度更是发展到一个新的高度，而且随着这一时期廉洁思想的发展以及廉洁人物的涌现，廉洁文化内容日趋丰富。

第一节　廉洁思想与科举制度

一、李世民廉洁思想

唐太宗李世民即位后，积极推进廉洁建设，推出了一系列举措，唐初政治清明、社会风气良好。

首先，李世民极为强调廉洁的重要作用，同时认为廉洁建设的主体首要的是最高统治者即皇帝本人，其次才是官员士大夫。李世民从王朝兴替尤其是秦隋快速灭亡的教训得失中总结出，"为主贪，必丧其国；为臣贪，必亡其身"，尤其是隋炀帝骄奢无度不纳忠言随心所欲，很快身死国灭。因而，李世民强调倡廉肃贪崇俭戒奢一定要从帝王自身开始，通过帝王自身对自己的强力约束带动臣子和民众崇尚廉洁，戒除贪奢，进而才能在全社会形成良好的廉洁风尚。

李世民指出，统治者若安天下必正其身，君为源，臣为流，要从清源开始，绝不可能源浊而流清。为此，李世民登基之初就"纵禁苑所养鹰犬，并停诸方所贡珍异，政尚简肃"，因此天下大悦，形成贞观之治的良好局面。为确保始终保持廉洁，李世民广开言路虚心纳谏，重赏直谏有功之臣。正是通过最高统治者以上率下、以身作则，才能引导官员、民众倡廉戒奢，进而形成崇尚廉洁的良好社会风气。

其次，李世民明确指出贪纵的危害。贪纵之欲不但伤身，而且成祸，既妨政事，又扰民众，小则损己，大则亡国。李世民教育臣下要珍惜生命，犹如不能用贵重的明珠"弹雀"一样，更不能用珍贵的生命"博财物"。所谓"祸福无门，唯人所召"，教育臣下不要因为贪财受赃而被绳之以法。李世民从自己做起，强调其所好唯在尧舜之道、周孔之学，努力节制自己的欲望。以秦始皇、隋炀帝破国为戒，下诏群臣要力戒奢侈，厉行节俭。李世民并不空谈要求官员一味清廉自矢、一味清心寡欲，而是循循善诱让群臣充分认识到纵欲虽有一时之欢娱而难逃性命之忧的危害，以让官员从内心出发廉洁自持，真正做到不想腐而不是纵欲亡身。

再次，李世民并非一味劝告官员保持廉洁，而是深刻认识到必须通过一系列措施确保廉洁。为此，一是广选廉吏，强调官员要德才兼备，把廉洁作为选拔官员的重要标准，并对廉洁奉公的官员予以表彰重用，这样在把廉洁自持的官员选拔到重要岗位的基础上，同时形成崇尚廉洁的良好风尚以使官员见贤思齐。二是增薪养廉，俸禄包括金钱、职分田及实物三项，十分丰厚。三是强化廉政立法，通过立法推动官员廉洁。四是对贪官污吏予以严惩，努力形成不敢腐败的社会环境。对于贪官污吏加大惩治力度，李世民明确天下大赦时贪官污吏不在大赦之列，以此形成对贪腐官员的强大威慑力量。而且李世民对贪官惩罚形式别出心裁不拘一格。"右卫将军陈万福自九成宫赴京，违法取驿家麸数石。太宗赐其麸，令自负出以耻之。"正是奖廉惩贪并举，在使官员不敢贪赃枉法的同时大力倡导弘扬廉洁奉公之风。

在李世民的引导和熏陶下，贞观时期朝中大臣大都清正廉洁、俭朴自持。中书令岑文本房屋低矮潮湿，户部尚书戴胄住所十分简陋，尚书右仆射温彦博家无正房等。在皇帝和官员以身作则节俭廉洁的情况下，全国风俗简朴，而财帛富饶无饥寒之弊。

此外，李世民认为为确保廉洁必须一以贯之，善始善终，不可半途而废。但至李世民统治晚期，因敢于直谏的元老重臣相继去世，李世民逐步迷恋于大兴土木。但当时有嫔妃徐惠直言上疏，李世民认可其言并优赐极厚。李世民去世后，徐惠殉情而亡，李世民之子唐高宗李治追赠徐惠为贤妃并陪葬昭陵。

二、陆贽廉洁思想

陆贽，十八岁中进士，唐德宗时历任翰林学士、谏议大夫等职，后任中书侍郎、同中书门下平章事即宰相之职。陆贽清廉自守，勇于改革，在政治、经济、军事等方面推出一系列措施，对于促进政治清明与经济发展发挥了重要作用。后因谗罢相被贬。著有《陆宣公集》传世。

陆贽以清廉闻名，不接受官员的任何馈赠，对于一些小的礼物也一概拒绝。甚至唐德宗都认为陆贽"清慎太过"，建议他适当接受鞭靴之类的薄礼。但陆贽予以回绝，称作为人岂能无欲？如果接受货贿有助于治国，那也可以考虑不避污行而接受礼物，但实际上并非如此。人的物欲无穷，一定要慎始，如果贿道一开则不可收拾，不可能只收鞭靴之类的小礼，后面还会收取衣裘、币帛、车舆、金璧等重礼，终至不可收拾。正所谓涓流不止而溪壑成灾，毫末既差而丘山聚衅。所以陆贽明确向唐德宗表示，贿道决不可开，鞭靴亦不可收。而且如果贪贿成风，则最终负担将落在民众身上，贪污贿赂是造成闾阎日残、纪纲日坏的祸根之一。陆贽强调："货贿上行，则赏罚之柄失；贪求下布，则廉耻之道衰。"最终陆贽得出结论，称身为宰相总揆百官自正才能正人，所以坚决不收任何礼物以做出表率转变风气。

陆贽强调富民为先，主张治道之急在于得人。对于帝王强调应该虚心接受谏劝，"谏而能从，过而能改，帝王之美，莫大于斯"，强调皇帝要虚心纳谏，才能知群性、明民义、纠过失。皇帝清廉才能把国家治理好，也才能推进社会风气清廉清正。

陆贽少时，刺史张镒对其极为欣赏，赠钱百万让他奉送母亲，但他固辞不取，仅受一串新茶。陆贽丁母忧时，对于藩镇等所送礼物一概不取。

陆贽为治理国家不遗余力清廉自守,对革除弊政、稳定政局发挥了积极作用。对于政事不当之事,陆贽不知爱身直言无隐。面对朋友认为他过于严峻的劝告,陆贽称,"吾上不负天子,下不负吾所学,不恤其他"。但其政见并未被完全采纳,而且后被小人所谗而远离中枢。

时人将陆贽与汉贾谊相比,称二者高迈之行、刚正之节、经国成务之要与激切仗义之心均极相似。对于陆贽因谗被贬,史书不无惋惜地称,陆贽"居珥笔之列,调饪之地,欲以片心除众弊,独手遏群邪,君上不亮其诚,群小共攻其短,欲无放逐,其可得乎"!陆贽廉洁思想影响深远,宋苏轼称陆贽廉洁思想聚古今精英,实为治乱之龟鉴。

三、科举发展

在隋科举制度的基础上,唐结合实际进一步健全完善科举制度,使之成为选拔官员的主要途径。唐代科举科目较多,包括秀才、明经、进士、明法、明书、明算六科。这些科目也称常科或常举。

唐代六科中秀才一科考选较严,对人选要求极高,而且有"举而不第者,坐其州长"的规定。从唐太宗贞观以后无人敢于应试秀才科,秀才科自然消亡。此后虽然也有人被推荐应秀才科,但皆婉拒不敢应试。

唐代六科中最被重视的是明经与进士二科。明经科相对简单,而进士科极难。明经科先贴经,后口试经,问大义十条,答时务策三道,亦分为甲、乙、丙、丁四等。进士科试时务策五道,贴一大经。经策全通的为甲第,策通四、贴过四以上的为乙第。后改试试赋和经义。

因进士很难明经容易,所以有"五十少进士,三十老明经"之说,亦即五十岁中进士还称年少,而三十岁中明经科就已称年老。有的士子为尽快获得入仕机会而考明经科放弃进士科,如狄仁杰就是如此。但位极人臣则不由进士举者,终有遗憾。而中进士者则扬扬自得,白居易考中进士后写下"慈恩塔下题名处,十七人中最少年",孟郊考中进士后写下"春风得意马蹄疾,一日看尽长安花"。

常科之外也有制举,即皇帝随时下诏举行的科举称为制举。科目由皇帝自定，包括贤良方正能直言极谏等科，但相对于常科制举科目较少。

常科考试参加人数众多，考录程序较为复杂。一是投牒自考，允许士人自由报考。二是府州解试。府州举送考试又称乡试，府州解送考试第一名称为解元或解头。

由地方州县府逐层考选士子送至礼部，再举行正式考试，所以贡举考试又称为乡贡。唐代科举原本由吏部考功司郎中主持，但其职级过低，而且曾引起过较大的风波。唐玄宗开元二十四年（736年）将其职能转入礼部，由礼部侍郎主持。后由礼部主持考试成为定制，一直延续至清末取消科举。

因常科考试的主管机关属于尚书省的礼部，所以称为省试。考试归礼部负责后，在礼部南院设立贡院，此后一直至清末取消科举。历代科举考试通常都在贡院中举行。

每年十月，考试者到尚书省报到。正式考试通常在正月或二月举行，以正月居多。试卷经主考官评阅后，将录取名单张榜公布。放榜的时间通常在二月，因在春天又称为春榜。一般是早晨放榜，有诗称"仙榜标名出曙霞"。

唐代进士每科录取人数极少。唐朝举人赴京考试都要投状，故第一名称为状元；第二名，眼二也，故名榜眼；第三名，唐朝新科进士杏园举行探花宴，故名探花。探花也称探花郎，一般选取年少英俊者担任。进士及第在放榜后有一系列庆祝活动，包括曲江宴会、杏园探花、雁塔题名等风尚。

武德五年（622年），头名进士为孙伏伽，此为中国历史上首位状元。与孙伏伽同榜中进士的仅有李义琛等三人。唐代每科选士较少，因而难度较高。唐高祖时每科平均取士4.4名，贞观时期平均每科为10.25名。虽然录取人数较少，但也发挥了将天下贤才纳入朝廷的目的。唐人赵嘏有诗"太宗皇帝真长策，赚得英雄尽白头"。唐太宗看着中举的进士也曾称"天下英雄尽入吾彀中矣"。

唐代士子经礼部考试及第后，仅取得授官资格，并不直接授官。必须再经吏部考试，才能授以官职，称为释褐试。有举进士而累年不第者，如韩愈三试于吏部无成而十年不得为官。

吏部择官员的标准为身言书判。身即是否体貌丰伟，言是否言辞辨正，书是否楷法遒美，判是否文理优良。其中重点是判，即考察文理是否优良。考试时先观书、判,而后察其身、言,书判不能入选的不能入第。通过者授官,一般授县尉等职,极少授京畿县尉。任京畿县尉者升迁前景较好,提任监察御史者较多,而且发展前景良好。

武则天时期科举制度进一步创新。载初元年(689年)二月,武则天亲自策问贡士于洛城殿,有学者称此为殿试之始。但此后亲自策问并未形成制度,而且与此后朝代殿试的具体形式也有所不同。

神龙元年(705年),确立进士三场考试之制。自此三场考试规定为以后各朝进士试所沿用。

为防止落第举子闹事,开元二十五年(737年)规定进士科发榜后,录取者所试杂文及策文要送中书门下详细复核。最后由宰相审查试卷,从制度上提高科举权威性,以安抚落第举子。

第二节 监察制度

一、中央监察制度

唐代监察机构为御史台,经过发展,唐玄宗时期御史台正式被确定为一台三院制,即御史台下分设台院、殿院和察院,御史台设置正式定型,意味着古代监察制度的成熟。

因御史台地位重要,御史台与管理宫廷事务的宗正寺并列处于皇城中心位置。一般政府机构大门南开,而御史台的标志之一就是台门北开,台门北开为取其肃杀就阴之义。

御史大夫为御史台长官,主要职责为职掌刑法典章。御史大夫一职举足轻重,地位显赫,而且是升迁宰相的一个重要途径,也是中央高官迁转改任的一个重要职位。御史大夫最初从三品,后升为正三品,与六部尚书品秩相同。诸多名臣曾担任御史大夫,如狄仁杰、马周等。

御史中丞是御史大夫的副职,最初正五品,后升为正四品下,辅佐御史大夫共同履行其职责。唐中后期大部分时间御史中丞是御史台的实际负责人。尚书省左、右丞在一定程度上承担着监察官员的职能，类似于汉朝的丞相司直，是对御史台监察的有益补充。

御史台下设的台院、殿院和察院分别由侍御史、殿中侍御史、监察御史任职，统称三院御史。

台院的主要职责为纠举百官，参与司法审判。主官为侍御史四人，包括知弹侍御史、知推侍御史（包括东推侍御史和西推侍御史）和知杂事侍御史，从六品下。侍御史职权重要，在诸御史中地位最高，或由皇帝直派，或经宰相、御史大夫商定由吏部选任。侍御史总体职掌纠举百僚，推鞫狱讼。遇大事戴法冠，服朱衣𫄨裳、白纱中单。法冠和服装置于宣政殿左廊，以供弹劾时随时取用。小事则常服。

知弹侍御史负责监察纠举职能，监察范围较广，包括从中央官员到地方官员，以及从一般官吏到宰相。知推侍御史负责司法审讯，其中东推侍御史主管纠察京城的文武百官，西推侍御史主管纠察各道州府的地方官员。知杂事侍御史主持台院内部日常事务，由年长资深的侍御史担任，又称杂端。杂端地位最为重要，往往晋升为御史中丞。

武则天特别重视发挥监察机构的作用。唐高宗废皇后立武则天为后的过程中，御史大夫崔义玄等发挥了重要作用。在武则天逐步掌握朝政大权以及称帝的过程中，更是通过监察官员来打击政敌。武则天多任用酷吏担任御史，以发挥其苛刻无恩以诛暴为事的特点，打击李唐宗室等反对力量。武则天等统治稳固后为平息民愤，将来俊臣等酷吏处死。

武则天极为强调清廉的重要作用。武则天颁布《臣轨》，其中设有《廉洁》一章。《廉洁》章强调："君子虽富贵，不以养伤身；虽贫贱，不以利毁廉……廉平之德，吏之宝也。"又认为："非其路行之，虽劳不至，非其有而求之，虽强不得。知者不为非其事，廉者不求非其有。是以远善而名彰也。故君子行廉而全其真，守清以保其身。"强调贪图不义之财不但不能获利，而且会伤身义辱节，只有坚持廉洁奉公才能保存名声、美德与自身。

武则天时期侯思止以告密有功任朝散大夫、左台侍御史，但不识一字。武则天问侯思止,你不识字如何担任文官?侯思止早就请教过高人,遂答獬豸兽也不识字不是也能识别忠奸吗?武则天于是大悦。

殿院主要职责是监督、纠正百官参加朝会及祭祀等重大典礼仪式时行为服饰方面有无失礼,以及各种典礼仪式是否规范等。殿院置殿中侍御史六人,从七品下。设同知东推、同知西推,由殿中侍御史担任,主要负责财政收入与出纳。同知东推、同知西推与台院的东推侍御史、西推侍御史共同参与司法审讯,合称四推御史。殿中侍御史可以立五花砖之上,绿衣,用紫案、褥之类,号为七贵。故殿中侍御史也以"七贵"为代称。

察院主官是十五名正八品下的监察御史,监察御史品级虽低但其监察范围广,权力很大。监察御史掌分察百僚、巡按州县、纠视刑狱、整肃朝仪、监决囚徒等。监察御史之职以分察和分巡最为重要。监察御史俗称开口椒,因开口椒特辣,以形容监察御史职权。监察御史分日在朝堂值班,从侧门进入,如果无事奏请皇帝一般不至殿廷。御史台察院重点是对六部官员进行监察监督,唐初由三位监察御史监察尚书省六部,后改为六人。监察御史可对皇帝的违失言行尽规献纳,弹奏范围也包括日常生活。

张衡位至四品,本来很快要加一阶入三品。一次退朝时在路上买一蒸饼并在马上吃掉,被监察御史弹奏。于是武则天下令不许张衡入三品。

弹劾权是御史台的主要职责。弹劾事由包括官员工作失职,贪污受贿等犯罪、刑事案件、违反国家法律制度以及政治问题等。御史台全体成员都有弹劾权,只是纠举弹劾对象有所不同。实施弹劾首先要掌握官僚的违纪事实,违纪事实既由监察官员主动发现,也有来自御史台以外的诉讼,即接受举报。

进行弹劾者以监察御史为多,其次是御史大夫、御史中丞,再次是侍御史和殿中侍御史。监察官员进行弹劾时,大事须戴獬豸冠,穿白纱中单里服,上衣着红色、下衣着浅绛色专用弹劾服装。獬豸冠以铁为柱,其上施珠两枚,为獬豸之形。无论哪一级官员,一旦被弹劾一般必须俯偻趋出立于朝堂待罪。

监察官员弹劾官员时既可联名弹劾,也可独自弹劾。凡弹劾对象品阶较高且案情重大的,一般都连名奏弹,皇帝再召刑部、大理寺联合鞠问。弹劾时奏章首先要标明弹劾依据,包括皇帝诏令、法律法规以及伦理道德等,并要列举罪状,再论证定罪,最后提出处置意见。

弹劾时一般不写诉讼者姓名,而称风闻访知。凡有揭发投诉的词状一般呈报到御史台衙门后,由御史集中加以审阅,选择可以弹劾纠举之处先行察访。调查核实后,略去诉主姓名,即以风闻访知名义提出弹劾。

唐前期监察御史弹劾不必事先报告御史大夫。李承嘉任御史大夫时责问众御史,为何弹劾之先不报告御史大夫?其他御史不言,只有监察御史萧至忠回答,御史台中无长官,御史作为人君耳目各自弹事而不相关白,如果先报御史大夫再行弹劾,那么弹劾御史大夫则不知向谁报告。李承嘉大惭默然,众皆惮萧至忠刚正。

风闻奏事和独立弹奏是监察官员的权力,以有效确保监察官员的独立性和权威,对于充分发挥监察机构作用至关重要。但开元十四年(726年)后不准风闻奏事,也不准独立弹奏,监察机构权力大大缩小。

唐代宗时宰相元载引用私党,规定百官凡欲论事要先白长官,长官白宰相,然后上闻。颜真卿上疏称该事旷古未有,李林甫也不敢公然如此。颜真卿认为御史作为朝廷耳目,论事者先报宰相是自掩耳目,警告唐代宗如无早悟悔之无及。唐代宗不听,元载反奏颜真卿诽谤,唐代宗贬颜真卿为峡州别驾。颜真卿登进士第后,历任监察御史、殿中侍御史、御史大夫。卢杞为陷害颜真卿,建议唐德宗派颜真卿为宣慰使,去节度使李希烈营安抚叛军,结果颜真卿被杀。

御史台兼掌司法,由刑部、御史台、大理寺共同组成三法司。凡遇有大狱,诏下御史大夫会同刑部尚书、大理寺卿共同推鞫,即三司推事。对地方上报的大案要案,亦派监察御史、刑部员外郎、大理寺评事组成三司使审判,也称小三法司。

吏部主持铨选,为确保铨选公正,加强监督,监察官员具有监督铨选之责。吏部须将铨选官员以书面形式报送御史台,御史台对这些官员进行跟踪监察,对营私舞弊者予以弹劾。

二、言谏制度

唐代言谏制度发展到一个新的高峰。前期谏官分属门下省、中书省,谏官包括左右散骑常侍、给事中等，后设左右补阙、拾遗。门下省与中书省均设有谏官职务，利于谏官从各自所处的部门及承担的职能出发，更好地向皇帝进谏。

李世民较为虚心纳谏、善于听取臣下的建议。贞观初，李世民有一次欲纳美人，被门下省黄门侍郎王珪讽谏中止。当时进谏最为有名的当属魏徵。魏徵先参加农民起义军，后在太子李建成处任职，李建成被杀后投奔李世民。魏徵屡屡进谏以显示其并非经常改换主人，而是主人不愿意接受谏言。李世民愿意纳谏，正好说明李世民是明君。魏徵也经常暗示李世民如果想成为一代明君，就必须接受进谏。魏徵去世后李世民亲书魏徵墓碑并把公主许配给魏徵之子，但不久即下令推倒魏徵墓碑并取消婚约。原因在于李世民虽然接受进谏但总有被要挟的感觉，而且发现魏徵进谏奏稿竟然均录副本保留等，李世民与魏徵君臣之谊未能善终。正如乾隆帝所讥，二者相互标榜为其所不取。

谏官系统内部分工各有侧重，职掌分明。左散骑常侍职掌规讽过失，谏议大夫职掌谏谕得失，给事中职掌百司奏抄的驳正违失，补阙、拾遗职掌供奉讽谏等。谏官的谏议职能直接与中央决策的上下各个环节密切相关。

给事中拥有封驳权，还有部分司权法与人事推荐权。给事中隶属门下省，设给事中四人，从五品上。给事中陪侍皇帝左右，有权驳回和纠正百官奏折中的悖失之处，皇帝诏敕有误也可修改上奏，对于三司会审的案件处理不当亦有权封驳。

给事中亦有权对官员进行审查。唐德宗时宰相卢杞被贬为新州司马，后来复为饶州刺史，宰相令给事中袁高起草诏书。袁高认为卢杞不可重新起用，但宰相另命中书舍人起草诏书，而袁高又一次封驳诏书，卢杞终于在袁高坚持下改授澧州别驾。

唐武宗时宦官仇士良封楚国公，按规定从五品以上皆可荫子授官。仇士良请荫其子为千牛备身。主管其事的门下省给事中李中敏援笔批道："开府阶诚宜荫子，谒者监何由有儿？"谒者监即宦官，宦官当然无子。仇士良大惭而且恨之入骨，但无可奈何。宰相李德裕为结好仇士良，贬李中敏出任婺州刺史。虽然刺史品秩提升但权势远不如给事中。

补阙、拾遗于武则天时期垂拱元年(685年)设置。唐宪宗时确定左补阙、左拾遗各二员,属门下省;右补阙、右拾遗各二员,属中书省。补阙为从七品上,拾遗为从八品上。补阙、拾遗职掌供奉讽谏等,对进谏之事大则廷议,小则上封。补阙、拾遗品秩很低,但其职责重要,期望于其品秩较低而无所顾忌进谏,正可谓其选甚重而其职甚卑。

左右拾遗俗称小谏,左右补阙俗称小貂。元和三年(808年),白居易担任左拾遗后所上的谢恩表中所言,拾遗之位位不足惜而恩不忍负,才能有阙必规、有违必谏,朝廷方可得失无不察且天下利病无不言。白居易屡次上谏,唐宪宗很是难堪。唐宪宗曾向宰相李绛抱怨,称白居易实不可忍。李绛称白居易不避死而进谏是酬陛下拔升之功,唐宪宗才对白居易不予计较。元和五年(810年),白居易上疏要求捕捉刺杀宰相武元衡的凶手,因其不是谏官被人弹劾,再加上有人弹劾其平日过错,被贬为江州司马。任江州司马期间写下著名的《琵琶行》,其中有句"江州司马青衫湿"。

武则天时期为听取进谏并方便臣下告密,在一室内置匦四区。东方匦色青铭之曰"延恩",南方匦色赤铭之曰"招谏",西方匦色白铭之曰"伸冤",北方匦色玄铭之曰"通玄"。令正谏大夫、补阙、拾遗等一人充使,知匦事。每日所有投书,日暮即进。通过接受告密,武则天铲除了大批反对官员。

武则天时李邕为左拾遗,御史中丞宋璟弹劾张昌宗谋反,武则天不听。李邕大叫,宋璟所奏有关社稷,陛下当听。武则天听到后,即准宋璟之奏。有人提醒李邕,你位卑,如果忤旨恐有不测之祸。李邕则称,如果不这样做也不会名传青史。这种进谏以求名垂青史的做法在一定时期较为普遍,尤其是在宋代和明代。李邕后被诬陷所杀。

武则天总体善于纳谏。武则天当权时期内宠较多。右补阙朱敬进谏武则天,称志不可满乐不可极。武则天不但不怪罪朱敬,反倒称多亏爱卿直言,下令赐彩百段。

裴度为唐宪宗时宰相,历任御史大夫、宰相等职,荐引李德裕、韩愈等名士以及重用李愬等名将,史称其身系国之安危与时之轻重者二十年。但是裴度在晚年时试图借用谏官以求自保,推荐韦厚叔、南卓为补阙、拾遗,随世俗沉浮以求避祸。

杜甫也曾担任左拾遗,被人称为杜拾遗,后被讹传为杜十姨。宋人笔记中称,温州有土地杜十姨无夫,五撮须相公无妇。当地人迎杜十姨以配五撮须,合为一庙。而杜十姨实为杜甫,五撮须实为伍子胥。杜甫担任左拾遗的第一个月,即因进谏而被贬为华州司功参军。李白亦曾任拾遗,唐代宗登基后任命李白担任拾遗,但李白很快去世。

安史之乱后谏官制度进一步调整,唐代宗时期进一步扩大补阙、拾遗的编制,以期望有效发挥谏官的作用以加强皇权。但唐末谏官的作用发挥相对有限,谏官作用的发挥与皇帝自身是否诚心纳谏以及皇权的大小、谏官能否敢于进谏等,均有重大关系。

唐后期,为提升谏官地位,大和九年(835年)唐文宗专门铸谏院之印,标志着谏官系统趋于独立。唐文宗时为了解决三院御史尽入无坐处的问题,于大和四年(830年)建设祗候院屋以扩大办公地点。

虽然唐代后期谏官制度发挥的作用较为有限,但进谏与纳谏仍基本是唐代的主流风尚,尤其是李世民和武则天时期进谏成功率较高,后期也有成功案例。长庆四年(824年),左拾遗刘栖楚进谏唐穆宗每日上朝时间较晚,指责唐穆宗即位未几恶德布闻,称身为谏官而不能规劝请碎首以谢君王。刘栖楚以额叩地血流不止。唐穆宗虽未完全接纳,但也为之动容。后一日,唐穆宗升刘栖楚为起居郎,刘栖楚坚辞不就。当年年底升刘栖楚为谏议大夫,以表彰其勇于进谏。

总体而言,唐代谏官发挥了重要作用,并在唐代政治生活中扮演了重要角色。进谏是否有效取决于皇帝是否愿意接纳。李世民就曾威胁谏官,若遇到明主则可尽诚规谏,但君主如龙颔下有逆鳞,触逆鳞则杀人。在政治清明时期谏官进谏不会有身家性命危险,真正考验谏官的是在乱世。乱世进谏更容易遭受各种处分甚至有性命之忧,越是乱世越能考验谏官的风骨与刚正。韩愈谏唐宪宗迎佛骨差点被杀,而最终被贬潮州。韩愈在被贬途中写下"一封朝奏九重天,夕贬潮阳路八千"的诗句。

韩愈认为,谏官以秉公奉职为先,提倡为职务献身。唐代是官员进谏意识很强的一个历史时期,进谏活动不仅体现谏官职能,更表现为士大夫的道德良心以及对国家命运的关注。进谏文化源远流长,谏官舆论代表着是非标准,正直的谏官不但为当世人所敬,也传诵后世。虽然不喜听逆耳之言为人的本性,但君主一般而言总不想让江山断送在自己手中,这也是君主愿意接受进谏的根本原因所在。

晚唐有的皇帝虽然鼓励谏官言事但并不听从,不过谏官尚无性命之忧。唐代末年情形则不同。一般认为杀谏官为亡国之兆。唐僖宗先杀左拾遗侯昌业,后因黄巢起义军攻克长安逃往成都后又杀左补阙孟昭图,再杀左补阙常濬。唐僖宗一朝就杀谏官三人,足以昭示唐即将灭亡。

三、地方监察制度

唐初就极为重视地方监察,唐成立之初是通过派出黜陟使巡视地方,黜陟使是唐初政局不稳派遣重臣出巡的制度。贞观八年(634年),唐太宗派李靖等十三人为黜陟大使巡察各地。工部尚书阎立本作为黜陟使巡视地方时,救狄仁杰于牢狱之中,而且提拔其担任并州法曹参军,成就一代名臣,狄仁杰被誉为"唐室砥柱"。狄仁杰为朝廷推荐了大批优秀人才,时人赞其"天下桃李,悉在公门矣"。狄仁杰则回答"荐贤为国,非为私人也"。

随着御史台机构逐步完备及职能发展,巡按州县加强州县监察始终是御史台的一项主要职责。巡按州县是黜陟使的延续,大局稳定后派遣重臣出巡不足效法,派遣监察官员出巡作为一项制度明确出台正当其时。

唐太宗贞观初为加强地方监察将天下分为十道,十道即成为十大监察区。中央政府对地方州县的监察主要是分道巡按,即一种经常性的巡回监察制度。巡按是一种定期性的地方巡回监察制度,监察御史出按州县主要是带有特殊使命,具有特使性质。监察御史出巡是监察官员出任,巡按官员除监察官员外其他机构的五品以上官员均可担任。

唐代以《巡察六条》巡察地方。《巡察六条》包括察官员善恶、户口、赋役、农桑、盗贼、冤狱以及举荐人才等。《巡察六条》主要通过吏治、户口、财政、生产、治安、人事、司法等方面政绩的稽察,对地方官吏的品行做出评价,然后报由皇帝奖惩。一般是三月出都巡察，十一月回都复命。《巡察六条》对推进政治清明与加强地方整治发挥了积极作用。武则天时期曾制定《巡察条例》四十八条，后废除，仍以《巡察六条》巡察地方。

狄仁杰担任宁州刺史时，右台监察御史郭翰巡察陇右，所到之处大多数官员贪污受贿，而狄仁杰廉洁奉公。郭翰将狄仁杰推荐到中央，被任命为冬官侍郎。

唐玄宗时鉴于十道过少，将原来十道增设为十五道，每道设采访使或采访处置使一人。中央派往地方的监察官设置固定治所，具有行使监察权的印信，常驻地方，正式成为地方上的一级监察机构。监察御史与地方专使既相互衔接又密切配合，构建了完整的地方监察体系，有效加强了对地方的监察。

唐玄宗时期五原县有冤狱久延不决，监察御史颜真卿巡察至五原马上为其平反，当时正值大旱而平反冤狱后即雨，百姓称之为御史雨。李皋为唐太宗五世孙，任御史巡察行县时见一老太太道旁而泣。经询问得知，老太太有二子做官，二十年不归，老而无依，其中一子任殿中侍御史，一子任京兆府法曹。李皋弹劾老太太二子，二人均被免职且为世人所不齿。

地方政府亦有监察官员，主要包括都督、刺史、录事参军、主簿等。都督和刺史作为唐代前期地方行政最高长官，同时也是地方监察官，通过每年一次视察所管州县行使监察权。具体负责监察业务的是录事参军与主簿，尤其是录事参军。录事参军有权查处违反制度的案件，有权监督刺史的行为，而且负责监察中央公文在地方的实施情况。

唐代朝集使制度也是加强地方监察的途径之一。朝集使由地方官员担任，每年十月进京，十一月至尚书省汇报地方官政绩。朝集使制度使中央政府更为直接地考察地方官员、监察地方官员政绩，也是中央政府获取信息的重要渠道。

安史之乱后地方监察制度受到严重破坏，藩镇专制一方，中央政府对地方的监察权受到严重破坏。唐末为加强财政集权，尚书省户部、盐铁、度支三司官出使地方，也兼有监察官员的职能。唐代晚期地方监察职能逐步削弱，间接导致唐覆亡。

四、监察官员

唐代监察官员分为高、中、低三类。为更好发挥监察官员作用,对监察官员任职经历要求极为严格,要求必须有担任地方官员经历才能到中央任监察官员。监察官员必须疾恶如仇,而且不以身家性命为念。皇帝直接掌握监察官员人事权,以降低宰相及吏部对监察官员的干预和影响。

监察御史一般从京畿县丞、县尉及主簿中选任。监察官员升迁时间较短,侍御史满十三月,殿中侍御史满十八个月,监察御史满二十五个月,就有机会升迁,政绩优良者亦可超擢。其他官员四考方可升迁,而监察官员三考即可。监察御史达到升迁标准后,即可在台内依次升转。监察御史可升为殿中侍御史,殿中侍御史可升侍御史。侍御史一般会升至六部官员。监察御史若调任多为郎中、员外郎。御史大夫和御史中丞作为御史台长官,选任尤其慎重,往往由九卿副职或尚书丞升任。御史大夫升迁一般擢升宰相,如狄仁杰和张柬之。

御史大夫作为御史台台长,只有德才兼备者方能担任,担任御史大夫者往往有进一步升迁的机会。颜真卿兼御史大夫时,颜真卿谢表中称担任此职不胜惶恐。由御史大夫升宰相是唐代官员普遍向往的升迁途径,在唐传奇中官员升迁大都有担任监察官员的经历。至唐后期会昌二年(842年)为更有效强化御史台的权威,将御史大夫的从三品升为正三品。

监察官员作为升迁的重要途径以及在官僚体系中的优势地位在当时可谓根深蒂固,从当时传奇亦可看出。唐传奇《樱桃青衣》和《枕中记》内容大致相同,均写穷书生升官美梦,两部传奇中主人公升迁过程中的一个重要职位都属于在监察系统。

《樱桃青衣》中卢生在听僧讲经时入睡做梦。梦中先娶一女子,因此女家族关系,中进士,授秘书郎,任畿县王屋尉,升监察御史,转殿中侍御史等职,直至升黄门侍郎平章事,即宰相之职。因直谏忤旨被贬,后担任东都洛阳留守等职。婚后育七男三女。有次出行到寺庙礼佛忽然昏醉不起,忽听僧人叫他为何良久不起?卢生梦觉惘然长叹,"人世荣华穷达,富贵贫贱,亦当然也,而今而后,不更求官达矣!"遂寻仙访道绝迹人世。

《枕中记》与《樱桃青衣》故事大致相同。有道士吕翁在邯郸道中遇到卢生,卢生叹人生多艰,难以如意。卢生思睡,主人黄粱饭刚蒸上。吕翁以枕授卢生,称可令他如意。卢生入睡后做梦,娶名门之后,中进士,授校书郎,转京畿渭南尉,迁监察御史等职,后升户部尚书兼御史大夫等职,后任同中书门下平章事执大政十余年。被人陷害入狱,后被赦任中书令封燕国公。有子五人、孙十余人,因病去世。卢生梦醒,吕翁在旁,黄粱饭尚未熟。吕翁告诉卢生,所谓人生适意也不过如此。卢生怅然良久,感谢吕翁,称已尽知宠辱之道、穷达之运与得丧之理、死生之情。稽首再拜而去。

虽然监察官员前程远大,但其面临的风险同样巨大,经常面临进谏天子上逆龙鳞而犯忌讳,弹劾百官导致仇怨而招祸患。南北朝时有人称御史弹劾权贵为狗捕鼠而鼠亦啮其背,唐睿宗则称御史弹劾官员为鹰搏狡兔,皇帝必须对监察官员予以有效保护,否则他们将为权奸所害。

谏官选任一看政治人格,二看文史修养。谏官要经常写谏章上奏,因而对文史修养要求较高,谏官多以进士及第和以辞学见长者担任,也有几代均出过谏官的家族。吴兢曾上疏唐玄宗,称臣不谏则国危,谏则身危,希望唐玄宗能接受纳谏,对直言正谏者予以荣宠。

第三节 廉洁意蕴

一、唐诗中的廉洁意蕴

唐代诗歌极其繁荣,在诸多唐诗中有较多的廉洁内容,也有较多诗人担任监察官员。

陈子昂曾有诗:"从官重公慎,立身贵廉明。"强调为官立身之本,重在公正谨慎、清白廉明。而公正与廉洁,是为官从政者最重要的品德。陈子昂通过诗歌表达了其政治理念与对廉洁的追求,在其他诗句中也多次表达对廉洁的推崇以及对纵欲亡国的鞭挞。

李商隐有《咏史》诗,"历览前贤国与家,成由勤俭破由奢",更是总结了千百年来国家成败的关键所在,强调以俭得国、以奢失国,俭奢与国家兴衰紧密关联。该诗写于甘露之变后,感叹唐文宗虽然节俭但因没有贤臣相助而一败涂地。虽然全诗重在咏史,而"成由勤俭败由奢"却总结了亘古不变的治国理政成败得失的关键。

刘禹锡有诗《金陵五题·台城》慨叹因奢华而导致国家覆亡的惨痛教训,"台城六代竞豪华,结绮临春事最奢。万户千门成野草,只缘一曲后庭花"。南陈皇帝陈叔宝生活奢侈、纵欲无度,谱曲《玉树后庭花》终于灭国。而后庭花也成为奢欲亡国的象征。

唐代由于诗歌兴盛以及特别重视文学,监察御史多以文字优长为特点,监察御史大都具有刚正不阿的性格,敢于弹劾、勇于搏击,在维护皇权、打击权贵方面发挥了积极作用。御史一般为进士及第,具有较强的文学底蕴,由于御史所肩负的重要职责以及其文学意蕴,御史诗歌较多以獬豸、铁冠等意象以及刚、直等坚硬之词入诗,形成了唐代御史诗歌以刚强、劲健为主的风格。御史所担任的出巡等职务使御史有较多的机会到边塞地区巡察,进而能写出较多具有地域特色的诗文。王维以监察御史的身份出塞慰问时写出"大漠孤烟直,长河落日圆"的千古名句。

大和九年(835年),杜牧被朝廷任命为监察御史,八月至东都洛阳任职。在任上写下《金谷园》:"繁华事散逐香尘,流水无情草自春。日暮东风怨啼鸟,落花犹似坠楼人。"通过感怀绿珠表达了对骄奢淫逸的批判之情。

唐代诗人众多,也留下较多送监察御史的诗。唐代称殿中侍御史、监察御史为侍御,后世因沿袭此称,将侍御作为监察御史的尊称。李白有《赠韦侍御黄裳》诗:"愿君学长松,慎勿作桃李。受屈不改心,然后知君子。"

王昌龄有《送柴侍御》,全诗为"沅水通波接武冈,送君不觉有离伤。青山一道同云雨,明月何曾是两乡"。这首诗作于天宝七年(748年)王昌龄被贬龙标时,作者友人柴侍御将要从龙标前往武冈,诗人写下这首诗为友人送行。全诗并无伤感之情,而尽显友人情深。

除监察御史外也有较多的诗人担任谏官。杜甫曾短期担任左拾遗。杜甫向唐肃宗推荐岑参,"识度清远,议论雅正",遂岑参任右补阙。杜甫与岑参担任谏官时有诗唱和。岑参作《寄左省杜拾遗》,即写给杜甫,其中有句"圣朝无阙事,自觉谏书稀",暗发牢骚,表达身处卑位而又惆怅国运的复杂心态。杜甫曾感慨"衮职曾无一字补""何用浮名绊此身"。杜甫读岑参诗后作《奉答岑参补阙见赠》,有句"故人得佳句,独赠白头翁",感慨身世遭际。

并非所有的监察御史均性格刚正,有权相当朝时并不希望监察御史发挥作用,而性格柔弱者反倒可任监察御史,如王维。安史之乱中王维被陷于叛军担任伪职,王维因写一首《凝碧池》而被免于处罚。该诗为:"万户伤心生野烟,百官何日更朝天。秋槐叶落空宫里,凝碧池头奏管弦。"叛军攻陷长安后乐工雷海清大骂叛军而被杀于凝碧池,此诗即为此而作。因此诗再加之有人营救,唐肃宗赦王维之罪。

二、精舍台碑

唐太宗贞观年间,御史中丞李乾祐建议,考虑到囚犯往返于大理寺与御史台之间容易发生漏弊,经御史台审定的案犯而大理寺擅加释放,建议在御史台设监狱以拘禁罪犯。唐太宗接受此建议,即在御史台设置台狱。

武则天崇佛,在御史台台狱旁建设佛堂,希望依靠佛教感化力使有罪官员忏悔向善,并求度尽苦厄归命自保。精舍立有一碑,即为御史台精舍碑,简称精舍台碑。

精舍台碑碑文记载了武周长安初(701—704年),御史台台狱建成精舍,同僚推举殿中侍御史崔湜撰文,记述御史台建精舍的缘由、经过以及精舍的建筑情况。因崔湜获罪罢职,至开元十一年(723年)由殿中侍御史梁昇卿追书成文,并由名匠赵礼摹勒上石,立于精舍。碑阴及两侧为历任御史题名。

唐代精舍台碑现存西安碑林博物馆。碑螭首方座,高145厘米,宽65厘米,厚13厘米。碑题"大唐御史台精舍碑铭并序",碑文十八行,满行三十字,隶书。额题"御史台精舍碑",两行,每行三字,篆书。碑阴、碑侧及前后碑额空处均有题名,题名者为御史台官员。

梁昇卿博学工书，以八分隶著名于玄宗朝，有人称唐隶书梁昇卿居首。碑阴和碑侧等处题名均为当时名士所书，号称唐人小楷无此题名出色者。立精舍台碑时台狱尚未撤销。两年后在御史大夫崔隐甫建议下撤销台狱。精舍台碑流传至今，成为唐代廉洁文化的重要标志之一。

三、心正笔正

唐代看重书法，考中进士释褐授官时必须考查书法，因而书法名家辈出，尤其是楷书发展到顶峰，柳公权为楷书四大家之一。柳公权书法结体遒劲，字以瘦劲著称，骨力强健。柳公权与颜真卿并称"颜柳"。

柳公权于唐宪宗元和初年中进士，任职秘书省校书郎，后被节度使聘为掌书记。唐穆宗即位后，柳公权入朝奏事。唐穆宗对柳公权说，曾在佛寺见过他的笔迹，仰慕已久。当天即拜柳公权为右拾遗，后迁右补阙。

唐穆宗为政不端，柳公权一直想进谏但苦无机会。有一次，唐穆宗问柳公权应该如何运笔。柳公权即回答："用笔在心，心正则笔正。"唐穆宗很是动容，知道柳公权是用书法之意而在讽谏。虽唐穆宗知道柳公权在进谏，但终不能听。

唐代廉洁文化进一步发展，无论是官员选拔制度还是监察制度均较此前有了较为长足的发展，而且廉洁思想与廉洁意蕴等的发展对于推动廉洁文化的发展发挥了重大作用。

第六章 宋代廉洁文化

五代十国后宋统一全国,中华民族重新统一融合,在此前廉洁文化的基础上,宋代廉洁文化进一步发展,尤其是科举制度与监察制度持续完善,在廉洁思想与廉洁意蕴的共同推动下,廉洁文化持续发展。

第一节 廉洁思想与科举发展

一、赵匡胤廉洁思想

宋太祖赵匡胤建国后持续强化皇权,特别注意防范武将。承隋唐三省六部制,官、职和差遣相分离。官有品级和俸禄但无实权,职是虚衔,只有差遣才握有实际权力并担负实际责任。差遣指官员担任的实际职务,又称职事官,差遣名称中常带有"判、知、权、直、试、提举、提点"等字,如知县、知制诰、提点刑狱使司之类。

宋开国之初为促进生产、维护统治,除制定一系列维护中央集权的政策外,还特别强调俭约,大倡廉洁之风,尤其是赵匡胤特别强调廉洁,为宋初政治清明、恢复生产、稳定统治奠定了基础。

首先,以身作则,厉行节俭,力倡廉洁之风。赵匡胤深知五代十国因骄奢淫逸亡国的沉痛教训,特别重视廉洁之风对推动政治清明、维护统治长治久安的重要性。赵匡胤虽贵为天子,但以身作则厉行节俭,绝不骄奢,以自身廉洁倡导天下行廉洁之风。赵匡胤称为君者是为天下守财,决不可妄用。平时饮食、服饰极为俭朴,打碎后蜀君主孟昶七宝溺器,并严格要求子女不得奢靡,曾严厉告诫公主不得穿鸟羽衣,防止因子女服饰华丽而开奢靡之风。赵匡胤还极力强调酗酒的危害,称:"沉湎于酒,何以为人?"如果皇帝沉湎于酒色,那么上梁不正而臣下必效仿,政治就难以清明。在赵匡胤倡导下宰相范质等大臣也注意俭朴不敢奢侈,社会奢靡之风大为减轻。通过力开廉洁之风,为宋初政治清明创造了良好环境。

其次,健全管理体系,严格惩治官员贪腐。赵匡胤以史为鉴,尤其是深入吸取五代十国贪污腐败导致国家覆亡的教训,构建了一整套中央集权制度,特别防范官员贪腐。中央设立枢密使、三司使分割相权,尤其强化御史台加强监察监督的作用。特别重视通过法律手段严厉打击官员贪腐,"若犯吾法,唯有剑耳",对贪官污吏严加惩处。宋初《宋刑统》对官员赃罪做出详尽严厉的规定,有弃市、杖死、流配、除籍为民四种,但一般情况下赃官多以弃市作顶格处理。而且明确规定天下大赦时将贪官受赃与十恶并列,决不赦免贪官。自开宝元年(968年)至开宝八年(975年),赵匡胤赦免过四千多名罪大死因之人,但是犯赃罪的一概不予赦免。

再次,虚心纳谏,勤政爱民。赵匡胤广开言路,虚心纳谏,以正己失。宋代言谏制度进一步发展,涌现出一批著名谏官,对于匡正皇帝过失、维护统治发挥了积极作用。赵匡胤认为人心向背是决定政权归属的关键,注意关心民间疾苦,勤政爱民,特别注意爱惜民力,与民休息,对恢复生产、推动生产力发展不遗余力。

最后,严格财政管理,增俸禄以养廉。赵匡胤一方面限制官员贪污,特别重视加强财政管理,从制度上限制官员贪污,鼓励举报贪污的官员。赵匡胤并非一味限制贪污,而且意识到俸禄对维护官员廉洁的作用,注意强调提高俸禄以实现高薪养廉。宋初沿袭后周禄制俸禄过低,赵匡胤颁发《省官益俸诏》,在裁汰官员的基础上增加俸禄,"使其足以养廉耻而离于贪鄙之行",以有效促进官员廉洁。宋代官员俸禄均保持在较高水平,对促进官员廉洁发挥了相应作用,也对养士发挥了积极作用。正如清赵翼所称,宋真宗等朝"名臣辈出,吏治循良,及有事之秋,犹多慷慨报国,绍兴之支撑半壁,德佑之毕命疆场,历代以来,捐躯殉国者,惟宋末独多。虽无救于败亡,要不可谓非养士之报也"。但过高俸禄以及大量冗官也成为宋代的沉重财政负担。

此外,严格科举制度,防止官员结党。赵匡胤针对唐代科举中存在的弊端,明确规定中举士子不得称各举官为恩门、师门以及自称门生等,以防止结党营私。严厉打击考场营私舞弊。限制主考官权力,推荐人才者需经严格程序。居官者如有推荐人才均需具折上奏,通过礼部另行考试以鉴真假后,再量材器使授官,对于不负责任地推荐人才者予以惩处。

二、科举制度发展

宋代进入官场有三个途径,即科举、制举和荫补,其中科举是主要途径。在隋唐科举制度基础上,宋代科举制度进一步发展和完善,出台了殿试、誊录、糊名、锁院和回避等一系列制度,科举制度基本趋于定型。而且科举选拔人数较唐代大大增加,对选拔人才发挥了积极作用。

宋初科目较多,宋神宗熙宁四年(1071年)废明经等科,专以进士一科取士。部贡举设进士及诸科,礼部试后有廷试即殿试。后进士科又分为经义进士和诗赋进士。

宋太祖建隆三年(962年),下诏废止中唐以来知贡举官与及第考生结成座主门生关系的做法,要求进士效忠皇帝而不是主考官。乾德元年(963年),又下令禁止通榜公荐,考试成绩成为选拔人才的标准,荐举之途被排除在外。

宋初,秋季州试取解,士人在本州考试合格后,秋天发解,冬天集中于礼部。为加强管理,对参加考试的人员要进行身份验证和德行考察,而且应举之人要什伍相保。第二年春天礼部考试合格者,列名放榜于尚书省,称省试。

宋初省试合格者不需要殿试,开宝六年(973年)开始规定需参加殿试,自此殿试成为最高一级考试,实行殿试登科,随后即释褐入仕的制度,而不再像唐代考中进士者仍要进行考试方能授官。最初殿试有黜落之制,后因有被黜士子投奔西夏而为祸宋国,因此规定殿试不再黜落士子,只分等第,而且全部授官。

开宝八年(975年)举行殿试后,开始有省元和状元之别。最初实施殿试时制度并不完善,因而当年殿试时竟然出现因难以通过文字确定状元归属之事,所以王嗣宗与陈识二人通过角力摔跤竞争状元。结果王嗣宗取胜,人称摔跤状元。

为确保科举考试公正,宋代推出一系列措施,包括糊名、锁院及誊录等。淳化三年(992年)在殿试中糊名,从此糊名在殿试中成为制度。大中祥符四年(1011年),省试中也开始实行糊名之制。为避免有人请托以确保考试公平公正,确定主考官后主考官即不得离开贡院,称为锁院,以防主考官离开贡院而透露消息且被人上门说情。

虽然试卷糊名,但考官仍然可以通过笔迹辨识考生。为解决此问题,景德二年(1005年)首次实行誊录法,使考官无法识认笔迹。景德四年(1007年),正式确立誊录制度。誊录后盖上御书院印,防止偷换试卷。大中祥符八年(1015年),专门设立誊录院,由专职书吏誊抄试卷,自此省试也实行誊录。

为防止官员子弟作弊,宋太宗采用别头试办法。别头试起于唐代,是专门为主考官等与科举有关官员的子弟和亲属举办的考试,以确保考试的公平。考官与举子有姻亲、师生等关系,需要回避。雍熙二年(985年),省试令考官亲戚另行考试,此后宋代别头试予以固定。如果现任官员参加科举考试时,则实施专门"锁厅试",为确保公平殿试取得第一名者也要降为第二名。

自雍熙二年(985年)始,及第进士分为三甲。科举最初是每年一次,后改为两年一次。治平三年(1066年),根据周代三年"大比"规定,规定三岁一开贡举,并为后世所沿用,直至清末取消科举。

为牢笼士人安抚多年考取不得的年老举子,设立特奏名进士。宋代曾将进士和考试十五次以上未能中举而且考试终场的一百余人,由礼部奏名直接参加殿试,相关人员一律赐予出身或授予官衔,以优待参加科举多年而未能中举的年老士子,这样既安抚人心也吸引更多的读书之人参加科举。这种举人应省试多次不第特赐出身者称为特奏名及第,又称恩科及第。

宋代一改唐朝进士名额录取过少之制,从宋太宗时大幅扩充录取名额。宋太宗称,虽然不可能指望录取的进士个个成器,但如果有十之一二能成器便算成功。宋太祖时基本循唐制,每科仅平均录取13人,宋太宗则大幅度扩大名额,每科平均录取186人。

宋代为维护社会公平、促进社会流动,注意压抑豪贵而提拔寒俊。宋太宗时有数位官员子弟参加进士考试本已录取,而宋太宗称这些属于世家与孤寒并进,虽然是他们自己考上的但别人也会称朕有私,所以把这些已录取的官员子弟全部罢免。宋代也特别强调进士出身的重要性,在任命官员时出身科举中进士者优先,其他资历者依次递补。

科举制度有效推动了宋代官员队伍建设和士人群体建设,史称"三百余年元臣硕辅、鸿博之儒、清强之吏,皆自此出,得人为最盛焉"。

宋代进一步强化御史台对科举考试的监督职能,明确规定,及第举人不得拜见知举官以防谋私,如有违背者令御史台予以弹奏。

第二节　监　察　制　度

一、中央监察制度

赵匡胤鉴于自身以大臣夺取后周天下的实际案例,特别重视防范臣下尤其是武将对于皇权的威胁,为控制臣下、防止官员权力坐大,强调"事为之防,曲为之制",特别重视通过健全完善监察机构加强对官员的监察监督并促进官员廉洁自矢、克己奉公。宋代君臣均特别重视并且注意发挥监察官员在维护纲纪方面的重大作用,称监察官员不仅要监督自宰执以下的文武百官,皇帝也应置于监察系统的监察之中以避免在国家决策中出现重大失误。在此理念下,不但监察制度进一步发展,言谏制度也进一步完善。

宋代极为重视对宰执大臣的监督,防止宰相坐大与滥用权力,甚至防臣下甚于防外寇。强调必须养台谏之锐气并付之以重权,以有效制衡宰执大臣。宋代皇帝重文轻武以及特别优待文臣,严格遵守"不杀文臣"祖训,文臣地位空前提升。宋代士大夫更加重视谏议的作用,敢谏直谏被视为一种被推崇的政治品格。正因如此也导致监察官员在谏劝皇帝时无所不用其极，不达目标誓不罢休。

御史台为中央监察机关，职掌纠察官邪、肃正纲纪，大事廷辩，小事弹奏。御史大夫为御史台长官，为加官，不任命正员。御史中丞一般由其他官员兼任。元丰改制后，御史大夫不再授人。宋神宗曾经考虑任命司马光为御史大夫，但宰相担心司马光可能影响自身权势予以反对，宋神宗也担心司马光权力过大，最终未予任命，而且此后御史大夫之职不再授人，御史中丞成为御史台最高领导人成为定制。

御史台设御史中丞一人，秩从三品，为御史台最高官员。宋循唐制，御史台下属有三院，即台院、殿院、察院。台院地位较高，察院权力最重。台院设侍御史一人，秩从六品，职掌为辅助御史中丞处理御史台事务，为御史中丞副手。殿院有殿中侍御史二人，秩从七品，后升为正七品。察院置监察御史六人，秩从七品，但权力极重。监察御史职掌分察六曹及百司之事，考课朝廷官员得失，纠其谬误，大事奏劾，小事举正，上至宰相下至一般官员都在御史弹劾之列。承袭唐制，仍实施六察之制，六察重点稽察六部事务处理是否得当。

监察官员人数没有定制，随皇帝决定。除御史中丞一职固定外，其他监察官员则可增减。宋初经常以谏官兼领御史，号称言谏御史。后正式设言事御史。北宋初御史弹奏要先报告御史中丞，宋仁宗即位后新任御史中丞刘筠张榜称御史弹奏不必事先报告御史中丞，此后御史弹劾权独立，御史权限扩大且地位尊崇。

御史台有一老门卫年过六十，经历多位御史台负责人，平时手拿木棒。每当御史中丞经过时老门卫躬身行礼，如该台长为官清正则横拿木棒，反之则竖拿。宋仁宗时范讽权御史中丞，门卫最初见到范讽后横拿木棒行礼。有一天门卫突然竖拿木棒，范讽大惊召问门卫询问原因。原来是中书省有长官将视察御史台，为此范讽特地叮嘱厨师认真准备午餐因此门卫竖拿木棒。范讽听此后向门卫道谢并表示一定改正。第二天门卫又重新横拿木棒。

御史台监察范围大大拓展。御史监察百官，大到朝纲政纪，小到日常言行均在监督之列。监督对象上可以规谏皇帝参议朝政，下可纠劾文武百官。参与司法工作,监察司法部门,遇到重大案情皇帝会诏令御史台推审案件。而且参与文武百官的管理工作,参与监司、郡守的考课等。

御史台监察百官的方式与名称基本固定,有弹、劾、纠、奏四种方式,揭发指控重大罪行称为"劾",较大罪行称"弹",罪行较轻称"纠",一般性的违纪失纪称"奏"。宋代御史弹劾之事颇多,尤其是宰相因被御史弹劾而被罢相之事较为普遍。

宋初御史弹劾宰相者较少,宋仁宗后御史弹劾宰相较多。宋仁宗时刘沆为宰相曾怒斥御史,御史中丞张升上奏反驳,免刘沆宰相之职。皇祐三年(1051年)殿中侍御史唐介弹劾宰相文彦博,至和元年(1054年)殿中侍御史里行吴中复弹劾宰相梁适。宋钦宗时唐恪为相抗金不利,御史胡舜陟弹劾唐恪,唐恪罢相。宋高宗时殿中侍御史黄龟年连续弹劾秦桧,将秦桧比为王莽和董卓,于是罢秦桧宰相之职。

宋仁宗时期台谏权势日盛,台谏官员不断加强对宰相的钳制,相权由重而轻。台谏弹罢宰相屡见不鲜。宰相王随和参知政事石中立等四人少有作为,左司谏韩琦接连上疏弹劾,四人竟同日罢职。宰相文彦博、陈执中均因台谏官员的弹劾而罢职。右谏议大夫孙觉上疏,弹劾宰相蔡确进不以德,蔡确被罢相。

经常有宰执因小事被弹劾。宋仁宗时,宰相吕夷简朝会时因年老少磕一个头,被御史弹劾藐视君王,吕夷简被免职。宋英宗去世后参知政事欧阳修过于匆忙在紫色官袍外套上白色丧服而被御史弹劾。虽然宋神宗亲自做出解释,但在御史一再坚持下欧阳修被免参知政事之职。欧阳修曾强调"廉耻,士君子之大节",激励着诸多士人廉隅自持。

王安石任参知政事推进改革时,谏官范纯仁上奏王安石变祖宗法度而民心不宁,虽无实据,宋神宗亦予以表扬。王安石变法期间大批贬斥敢于直言的监察官员,知谏院钱公辅不同意王安石盐法,罢谏官出任江宁府知府,谏官唐坰原为王安石引荐,因数论王安石之罪被贬谪而死。

虽然有较多监察官员弹劾宰相之事,但也不乏宰相利用监察官员作为打击政敌的工具。宋哲宗绍圣年间,宰相章惇引用邢恕为御史中丞,定司马光、文彦博等七十三人为元祐党人,定为党人者死者追夺官职,在世者流放边远地区。

为防止御史处理事务受中书省影响,确立台谏言事独立的原则,有时皇帝也无权干预。咸平五年(1002年)宋真宗下诏,御史台勘事不必到中书省备案,以确保其独立言事。皇帝不经中书省和门下省等决策机构,直接由宫中向有关执行机构颁诏书或御笔,称为内降。宋仁宗时右司谏韩琦向宋仁宗建议禁止内降诏旨。

皇帝一般尊重监察官员的弹劾权,宋仁宗极为欣赏范仲淹,在御史梁坚弹劾被范仲淹器重的滕子京等人时,范仲淹为其辩护,但在御史们的坚持下,宋仁宗不得不将滕子京等人贬官。范仲淹担任右司谏时以言事被贬出任睦州知州,朝臣多论救,而唯司谏高若讷认为当贬,欧阳修写信责问高若讷,称其不复知人间有羞耻之事,因此事欧阳修被贬为夷陵县令。后范仲淹回朝后上《百官图》,指责吕夷简为宰相任人唯亲,吕夷简授意殿中侍御史韩渎诬陷范仲淹结党,范仲淹又被贬任饶州知州。

有时监察官员也有意兴起大狱,如乌台诗案。元丰二年(1079年),御史何正臣弹劾苏轼,称苏轼用语暗藏讥刺朝政,御史中丞李定也指出苏轼四大可废之罪。此案先由监察御史告发后在御史台狱受审,御史台又称乌台,故称乌台诗案。御史台审理此案不遗余力,记录有苏轼"逐次隐讳,不说实情,再勘方招"。李定声称必须将苏轼斩首。在众人挽救下苏轼被贬检校水部员外郎、黄州团练副使,本州安置且不得签书公事,令御史台差人押送任职。受此案牵连被贬官罚铜多人,司马光等十余人各罚铜二十斤。苏轼苦笑称该案为命中注定:"在彭城作黄楼,今得黄州;欲换武,遂作团练,皆先谶也。"

为防止台谏与宰相勾结,规定谏官例不与宰相相见。元祐四年(1089年),太皇太后命宰相吕大防传话给台谏官员遭到拒绝。皇帝一般是对谏官监督弹劾宰相包括其他官员采取保护措施。台谏官对皇帝的批评谏议大大削弱,而对宰相的指责抨击不断,故当时台谏有乌鸦之讥。

宋代君主专制大大发展而基本未出现宦官、外戚专权现象,御史台功不可没。宋代皇帝也注意加强对御史的监督,元丰改制后设立专门监察御史的机构,即都司御史房。监察官员与宰相之间形成抗衡虽然有效限制了相权,但在一定程度上也导致效率低下,影响到政事。宋英宗时吕公弼曾就针对此进谏,称谏官与御史为耳目,执政为股肱。股肱与耳目必须共同发挥作用,才能身安而元首尊。北宋后期蔡京和南宋出现的秦桧等权相,主要在于监察制度逐步丧失独立性,难以形成对相权的有效监督。

二、言谏制度

言谏制度在宋代得到空前发展。宋初谏官机构属于门下省、中书省,但只有在谏院任职者才为谏官。元丰改制后门下省职官和机构有较大发展,设置侍中、给事中等职。天禧元年(1017年)设置谏院,谏官改为由皇帝直接挑选与任命,谏院成为完全独立并直接听命于皇帝的言谏机构。

谏院主要行使两项职权,即谏诤和谏劾。谏诤是针对皇帝而言,即对皇帝言行及旨意方面的失误进行规劝。谏劾的对象是文武百官,对上至宰相、下至普通官吏的言行进行监督、弹劾。为更加有效发挥监察制度的作用,言谏机关除对皇帝献纳谏正与封驳诏书之外,也可谏正百官违失职责,尤其重点加强对宰执之臣的监督。

谏院与御史台合称台谏。宋之前御史与谏官独立,前者不得言事,后者不得纠弹。宋代御史与谏官均有言事权及纠弹权,简称台谏合一。谏院和御史台都可谏诤皇帝、参议朝政、参与荐举官员以及兼任修起居注与侍讲等。

宋代允许谏官弹劾,是力图改变并防止大臣专权而采取的一种权力监督措施,力图通过强化谏官的权力以遏制群臣。台谏权明显扩大,只要台谏弹劾,相应被弹劾人员就会有贬官等处分,一般宰相被弹劾都要辞职或被免职。

谏官不受丞相控制,直属于皇帝。谏官之设本意在进谏天子,宋代谏官进谏纠劾的对象发生变化,由纠绳匡正君主成为纠绳监察君主以及包括宰相在内的官员。谏官谏正的主要对象往往是宰执与三省长官。谏诤之事大小掺杂,也包括风闻奏事,有时区区小事谏官也弹劾大臣。

谏官对百官的谏诤是强化皇权制约相权的重要措施,因而皇帝对言事者采取积极保护的措施。时人有称,委任台谏未尝罪一言者,纵有薄责也旋即超升,而且谏诤者亦可因其敢于进谏重臣而名动天下,因而此后会有更好的晋升机会。虽然这正如苏轼所言鼓励谏官发挥作用是以折奸臣之萌,但也不乏个别谏臣为猎取名声而弹劾大臣。

给事中拥有封驳之权,但往往受制于谏官,以形成言谏机关内部的相互制约机制。苏轼任杭州通判时江浙水灾严重,上疏请示蠲免赈洫,但侍御史贾易则称苏轼姑息邀誉乞加考实,诏下则给事中范祖禹予以封还。

宋初风闻言事风气较盛,以至风闻言事成为攻讦官员的手段。曾任谏官的欧阳修说:"所谓风闻者,谓事不亲见,而有闻于他人耳。"但欧阳修本人深受此害。治平四年(1067年),殿中侍御史里行蒋之奇弹劾欧阳修"帷薄不修",称欧阳修与其儿媳有通奸行为。此时欧阳修既是文坛领袖又是副宰相,奏章一出舆论大哗。欧阳修极为愤怒,蒋之奇还是在他推荐下成为御史的,对这种诬陷之词要求宋神宗彻查。宋神宗并不相信奏中所说,于是问蒋之奇消息从何而来。蒋之奇称此消息来自上司御史中丞彭思永,而彭思永断然拒绝回答消息来由,只称"出于风闻,年老昏谬,不能记主名"。而且"帷薄之私,非外人所知"。宋神宗亦无可奈何。

皇祐元年(1049年),明确限定御史风闻言事的范围,规定非朝廷得失与民间利弊,不得风闻弹奏。南宋时朝廷几乎禁止风闻言事,台谏言事必须有出处,未得出处不予讨论。南宋时御史蒋继周言军中鞭死二妇事失实即被解除台职,侍御史王伯庠风闻失实也被罢台职。

宋代谏官的谏诤重点虽然是大臣,但也包括皇帝,总体而言宋代皇帝基本能接受劝谏。如知谏院孙祖德等进谏宋仁宗不应废郭皇后,御史中丞彭思永、知谏院傅尧俞等人谏诤宋英宗不应称生父濮安懿王为皇考等。

宋徽宗虽昏庸也有纳谏之量。右正言陈禾弹劾内侍黄经臣与童贯相互勾结,宋徽宗不听且不待陈禾讲完即拂衣而起。陈禾用力拉住宋徽宗衣服要求讲完,由于用力过猛把衣服拉破。宋徽宗说你把我的衣服扯破,陈禾回答陛下不惜碎衣我也不惜碎首以报陛下。宋徽宗为之感动,将扯碎的衣服留下以作警示,但不久宋徽宗仍将陈禾贬官。时人称陈禾引衣进谏有古谏臣之风。

三、地方监察制度

宋初地方政府为州、县二级。后于州上设路，路成为地方最高一级政权。地方官任命权直接由中央控制。一般三年一任，且多以文臣任地方长官，并将地方军政、人事、法律与财政等各项职权分散。地方官由中央政府派出，任"知某某事"，高级官员为"判某某事"。为防止知州权势过大，知州官衔加"权知"二字，本地人不得在本地为官，而且各州设通判以牵制知州。

宋代在地方监察体制上进行了较大改革，把路一级监察权一分为四。路作为宋地方最高行政区域，先后设置转运使司、提点刑狱司、提举常平司、安抚使司等中央派出机构，称为监司，各监司互不统领、各自为政，对中央负责。

每路设转运使一人，转运使主要负责本路范围内粮饷军需的征收与运输，因此也称为漕司。转运使司主要负责对地方官的政绩、能力、廉贪等进行监察。参知政事范仲淹在考察地方转运使时，对不称职者不予录用。参知政事富弼认为不妥，称如果不再录用则一家哭也。而范仲淹说，一家哭何如一路哭？坚持勾掉不称职者名字，不予录用。

监司在监察对象上不限官品和职位，在监察内容上不仅对贪赃枉法者予以弹劾，还要考察官吏的治行、才能与年龄情况等，远远超过汉代部刺史的监察范围。监司主要通过定期巡察州县以实施对地方官员的监察，每年或每两年要把所辖地方巡察一次，发现问题及时纠举弹劾。宋前期监司巡察地方时会将巡察时间与内容事先通知州县，但效果不佳，后于宋徽宗时取消事先通知的做法。监司上报弹劾官员材料要经过御史台核实，然后由皇帝决定处理办法。御史台又具体承担对监司考察不公或失察的情况，并予以弹劾。

每州增设一至两名与知州同掌州务的官员，称为"通判州军事"，简称"通判"。大州置通判二人，其他州置通判一人。通判不是知州副职，也不是知州属官，但拥有与知州共同处理本州行政、财政、户口、赋役、司法等方面事务的权力。各州公文须经知州与通判共同签署方能生效，通判还有权监督知州及其所属官员，知州不法通判可以直接向皇帝奏报。通判有效发挥了对知州的监督作用，经常有通判明确告诉知州设置通判一职就是皇上让我来监督你的！

通判专掌监察,又有监州之称。南宋时通判成为知州副手,仍然拥有监察州县之权。

为加强对地方官员监督,设置走马承受公事,简称走马承受。设置走马承受的目的是监督与制约转运使,虽然走马承受隶属于安抚使司,但不是安抚使的直接下属,大都是由皇帝派亲信担任此职以充耳目。走马承受独立行使职权,监察范围较广,但效果较为有限。为此宋徽宗曾下诏,要求走马承受首公灭私清白自励,毋蹈前人之失。

宋代为加强对地方官员监察无所不用其极。李素担任京西转运使时,一次受令监察知县、簿尉和巡检。李素于是召三人聚饮对他们讲,收到上司命令要查你们过失,虽然知道诸君无事但唯恐又派其他人来,所以请三位小心谨慎。结果三人相顾而笑,每人取出一道命令,都是命令他们查其他官员的。大家俱笑而散。朝廷知道此事后下诏予以申诫,但也称不可互察过多以免导致怨恨。

四、审计制度与监察法规

古代审计制度从形成之始就与监察制度密切相关。审计工作最早可追溯到西周,秦代御史大夫行使审计职权监督中央和地方官署财政。西汉实施上计制度,御史府有专职官员从事审核财务及赋税的收支情况。唐代审计称勾覆,勾覆由御史台殿院和刑部的比部行使。

北宋初设三司分管国家财政,尚未形成专门的审计机构。端拱二年(989年),设三司都勘磨司,专门负责审核三司账籍。御史台察院分察六部及百司之事,也具有审计监察职能。宋太宗时期为强化审计成立都凭由司作为独立于三司外的财政监督机构,同时确实事前审计与事后审计制度,事前要加以审查,事后也要进行审计。

淳化三年(992年)设置审计院,负责军队粮草俸禄审核,这是第一次以审计命名的国家审计机关。熙宁七年(1074年),设置三司会计司掌管天下财赋出入,这也是首次用会计命名的机构。元丰改制后在刑部内设置比部作为独立的审计机关,将相关审计职能划归比部,有郎中和员外郎掌管具体工作,对审查出的重大问题提交御史台弹劾或要求相关部门予以纠正。

宋代极为重视监察法规，监察法的形式主要表现为皇帝的诏、敕、令，对监察官员的职权做出明确规范，以有效发挥监察效能，并同时加强对监察的监督。宋太宗曾下诏，知州以下地方官可以密察转运使司官员。宋真宗时，强调监察御史必须积极履行职权，并由尚书省予以监督，并规定对不称职的监察御史要予以通报。宋仁宗时规定对台谏官上奏予以记录，并赋予中书省监督台谏官员之权。南宋时进一步加强制度建设，强调对谏官、御史政绩要在年底予以考核。

在皇帝颁布诏令的同时，宋代也通过专门立法加强对监察官员的监督与考核。元祐元年（1086年）制定《御史台察官功岁终考校及比折分等法》，明确规定由尚书省负责对六察御史进行考核。颁布《诸路监司互监法》，这是第一部对监察官员实行再监察的监察法规，以法规的形式规范地方监察官员的相互监察，规定诸路监司不互察者要受到严厉惩罚尤其是针对贪赃庇护隐匿不报者。宋代建立监察官之间的双向监察机制，不仅御史台内部要相互监察，而且台谏官之间也要相互监察，以有效加强对台谏官员的监督监察，促使其认真履职。

五、监察官员

宋代为强化皇权、限制相权，加强对监察官员选拔权的控制，由皇帝亲自任命监察官员。而且明确规定，经宰相荐举为官的以及宰相亲戚故旧等不得担任监察官员。为发挥监察官员作用，宋代皇帝往往直接挑选合适的官员充任监察官员，如宋仁宗亲自点名欧阳修知谏院。

监察官员首先要求正直无私、刚正不阿，而且要具备一定的中央或地方任职经历。被选任为监察御史的通常是太常博士以上京官，在地方任监司则要有两任通判或至少一任知州的资历。监察官员如果真正刚强正直、秉公无私，往往会被破格任用或越级提升。

其次，监察官员要有较高的文化修养。由于监察范围面广，如果没有较高的文化修养与广博学识则难以履行监察重任。宋代对监察官员要求极为严格,号称谏官御史必取天下第一流,非学术才行备具不予任命。

再次,要求监察官员必须具备基层实践经验。只有具有相应的基层实践经验,才能更好地履行监察职责。因而对监察官员基层任职实践做出规定,对相关基层经历做出明确要求。宋孝宗时有官员举荐萧燧担任监察御史,但其缺乏基层工作经验被拒绝,但考虑到舆论呼声让其担任左司谏。对皇帝而言,谏官职位可以通融,但御史不可马虎。

正是由于对御史的资历要求较高,担任御史者一般为人尊敬。时人有诗赞美御史:"清晓乘聪出九逵,内朝簪笔坐前墀。天家御史非凡格,曾向昆仑服众芝。"

对于如何选拔谏官,司马光认为要以三事为先:一不爱富贵,二重惜名节,三晓知政体。懦弱之人怀忠直而不能言,疏远之人恐不信而不得言,怀禄之人虑不便身而不敢言,这三种人不能入选。司马光强调,谏官必须做到志其大、舍其细、先其急、后其缓,而且专利国家而不为身谋。

包拯长期从事监察工作,强调监察直接关系到廉洁政治的状况,认为只有实施严密的监察制度,通过监察机构"察官吏之能否,辨狱讼之冤滥,以至生民利病,财赋出入",才能有效防止和惩治贪污腐败行为。所以监察机构"事权至重,责任尤剧,设非其人,则一路受敝"。强调监察官员不可轻授,监察官员选拔要"先望实而后资考"。担任监察官员者需要有一定的任职经历,但更重要的是,官员的实际能力而非年资。监察官员要监督官吏必须是贤才,要珍惜人才,不能因小过而不用,赃吏不能用,苛虐之人也不可用。

实施监察官员回避制度。首先要避宰相之亲,新宰相上任后经其推荐或其亲属担任监察官员的必须调离监察岗位。其次,避同台之亲,监察机构内部亲属必须回避,只能一人留任。再次,避台谏之亲,监察机构之间亲属也要回避。此外,避监司之籍,监司及属员不得由当地人担任。

宋代出台月课与辱台钱制度。规定御史每个月必须向主管部门汇报一次自己的工作成绩,称为"月课"。如果上任后百日内未能履行纠举弹劾之责即被视为失职。轻者要受到罚俸即"辱台钱",即有辱担任台官之意,重者被罢免出任外官。新任御史王平任职即将满百日而未有弹劾,同僚称其有待而发,一旦弹劾必是大事。不久王平有疏上奏，则是弹劾御膳中有头发，王平因此被称为弹发御史。

宋代对地方监察官员选拔也同样重视。出任监司者要廉洁奉公，品行端正，有较高的文化素养，而且要有知州的任职经历与优良政绩。监司人选未必一定是进士出身，但要有较高的学问与声望。监司任职也要执行回避制度，不得与所辖区域的其他监司、知州、知县等官员为亲戚。

第三节　廉洁意蕴与廉洁人物

一、宋诗中的廉洁意蕴

邵雍作为著名哲学家有诗《仁者吟》，有句"爽口物多终作疾，快心事过辄为殃"，强调不可纵欲。为防止发生败身亡家之类的事情，必须要预防为主，不蹈险地，即"与其病后须求药，不若病前能自防"。以自防而治未病，即从自身努力达到不想腐的至高境界。

邵雍也有《知足诗》，称"无忧无虑又无求，何必斤斤计小筹？明月清风随意取，青山绿水任遨游。知足胜过长生药，克己乐为孺子牛。切莫得陇犹望蜀，神怡梦稳慢白头"。强调不必斤斤计较，明月清风取之不尽、用之不竭。正如苏轼所称"且夫天下之间，物各有主，苟非吾之所有，虽一毫而莫取"。只有江上清风与山间明月，耳得为声，目遇成色，方为取之不尽用之不竭之物。只有知足方为长生之药，不可得陇望蜀，这样才可神怡梦稳。诗中强调的知足、克己有重要的教育作用，对于知荣辱、明是非、辨良莠，不为利所惑，不为情所困，不为色所诱，知止有畏，廉洁无私，真正做到不想腐，具有积极的意义。

王安石《金陵怀古》之一中写道："霸主孤身取二江，子孙多以百城降。豪华尽出成功后，逸乐安知与祸双？东府旧基留佛刹，后庭余唱落船窗。黍离麦秀从来事，且置兴亡近酒缸。"王安石以感怀兴亡为题，强调逸乐可亡身亡国，借以警示当朝。该诗与王安石词《桂枝香·金陵怀古》"至今商女，时时犹唱，后庭遗曲"可谓异曲同工。

张之才有诗《去任辞汤庙》,以表达自身的清正廉洁。"一官来此四经春,不愧苍天不愧民。神道有灵应信我,去时犹似到时贫。""去时犹似到时贫"充分显现了作者清正廉洁之风。张之才任满向众人辞行时,在商汤庙前敢于公开赋诗表白充分说明问心无愧,通过到任离任同样贫穷说明清正廉洁,不愧苍天、不愧民众。

廉洁要从一而终,决不可走出不洁的第一步。南宋时有无名氏作《油污衣》一诗,称"一点清油污白衣,斑斑驳驳使人疑。纵饶洗遍千江水,争似当初不污时"。告诫为人不可轻易尝试贪污,否则再怎么改正也不可能如不污之时。正所谓一失足成千古恨,再回首是百年身。一定要坚守底线,必须有底线意识,始终清正廉洁,不为贪欲做出违纪违法之事。

二、出淤泥而不染之莲花

莲花在古代廉洁文化中具有重要地位,而其地位的奠定与周敦颐所作《爱莲说》有重要关系。莲被誉为"花中君子",且莲与廉同音。早在春秋时屈原就曾写过,"制芰荷以为衣兮,集芙蓉以为裳"。周敦颐在《爱莲说》中称其"独爱莲之出淤泥而不染,濯清涟而不妖。中通外直,不蔓不枝。香远益清,亭亭净植",尤其是"可远观而不可亵玩焉",充分体现了君子处世之道,莲因而被视为廉洁的象征。周敦颐以"莲"喻"廉",以莲之"不染、不妖、不蔓、不枝、不可亵玩"高度概括为人之道和为官之德。周敦颐也被称为"一身正气立天地,两袖清风鉴古今"。

周敦颐晚年定居在庐山莲花峰下,创办濂溪书院教书育人,门前溪水命名"濂溪",自号"濂溪先生"。堂前一池名"莲池"。清末王闿运在湖南岳麓书院文庙大成殿廊题有对联:"吾道南来,原是濂溪一脉;大江东去,无非湘水余波。"即称道学本源自濂溪先生周敦颐。

莲花具有圣洁高雅气质,是廉洁的象征,因而成为历代文人墨客品咏吟哦的重要题材。元王冕有《墨梅》诗:"我家洗砚池头树,朵朵花开淡墨痕。不要人夸好颜色,只留清气满乾坤。"王冕也有《素梅》诗:"冰雪林中著此身,不同桃李混芳尘。忽然一夜清香发,散作乾坤万里春。"虽然《墨梅》流传更广,但《素梅》一诗也别有风韵,突出显示梅之清香遍布乾坤之意。

历代文物中也有许多以莲寓廉的作品。如一品清廉图,一品为最高官阶,而清廉与青莲谐音,希望从政者为高位而保持清廉。也有一束莲青花瓷,常见于皇帝赏赐大臣的题材,告诫大臣要为官廉洁。还有青莲鹭鸶图案,寓意一路清廉。其他还有白菜莲花的图案等,预示着官员要清白传家、清廉立身。

三、清官文化

宋代将此前的循吏称为清官,与此相应逐步演化出清官文化。清官文化以包拯为代表,尤其是经过宋代以后随着演义、小说以及戏曲等文化的发展,包拯作为清官的代表深入人心。虽然以包拯为主题的演义、小说及戏曲等与历史事实有较大的区别,但也显示着人民追求正义对清正廉洁不畏权势的官员的向往与尊敬。

天圣五年(1027年),包拯中进士,历官端州知州、龙图阁学士、开封府尹等职,为官三十余年,清正廉明,铁面无私。包拯极为强调清廉,称"廉者,民之表也;贪者,民之贼也"。包拯长期担任监察官员,"清廉严毅,不畏权贵",多次弹劾权贵,执法严峻。任监察御史及知谏院时弹劾转运使王逵等人,王逵与宰相关系密切,又得宋仁宗青睐,包拯连续七次弹劾,朝廷终于罢免了王逵。包拯屡屡犯颜直谏,有时唾沫星子都飞溅到宋仁宗脸上。

包拯任端州知州时有诗,"清心为治本,直道是身谋"。强调做官清廉、做人诚心是治国理政的根本,正直之道是立身处世的良谋。端州盛产名砚,一般官员离任时总带走数方端砚或自用或送礼。包拯在任时,下令制砚的数量以进贡的数量为准不得多制,而且离任时不带走一方砚台。题诗强调:"史册有遗训,毋贻来者羞。"告诫为官者要牢记青史有载,决不可因贪污而成为千古笑柄。

包拯有《拒寿礼》诗:"铁面无私丹心忠,做官不可念叨功。操劳本是分内事,拒礼为开廉洁风。"该诗为包拯六十大寿时所作。包拯极为重视廉洁,贵为朝廷重臣时衣服器用饮食仍如身为布衣之时。六十大寿生日时拒收礼物,但第一个送礼者却是宋仁宗。虽然是皇帝送礼,包拯却仍然退回礼物,并附上此诗以表明心迹,强调拒礼以开廉洁之风。

包拯曾立下家训:"后世子孙仕宦,有犯赃滥者,不得放归本家,亡殁之后,不得葬于大茔之中。不从吾志,非吾子孙。"其清正说明不但显著当世,而且告诫后代子孙务必保持廉洁。正是在包拯教导下,其子包绶"清苦守节,廉白是务",孙子包永年"廉清不扰,而孝肃公之遗风余烈在也"。

包拯去世时,"其县邑公卿忠党之士,哭之尽哀,京师吏民莫不感伤,叹息之声,闻于衢路"。北宋时有无名氏写诗《孝肃包公遗像赞》纪念包拯,"龙图包公,生平若何?肺肝冰雪,胸次山河。报国尽忠,临政无阿。杲杲清名,万古不磨"。该诗充分表达了对清官的敬仰和赞美之情。

安徽合肥有包公祠,包公祠有对联:"照耀千秋,念当年铁面冰心,建谠言不希后福;闻风百世,至今日妇人孺子,颂清官只有先生。"李鸿章在《重修包孝肃祠》中感慨:"若公清风介节,并世已奉之如神明,其精神气象,至今尚彷绊于村氓野老妇人孺子之口,是固无望而不在,而岂有待于祀欤!"

在民间,包拯作为清官的代表,通过《铡美案》等以一系列清官戏为代表的文学作品,进一步扩大了包拯的影响,反映了民众对公正公平的朴素要求,而包拯正是代表了民众的寄托,这也成为廉洁文化的重要特色与组成部分。

四、司马光家训

司马光曾编撰《资治通鉴》,其家训强调廉洁齐家,家族清白相承,以廉洁俭素为美。司马光的家训核心是修身、齐家、治国、平天下,具有鲜明的廉洁特色,对于促进政治清明、社会廉洁具有重要启迪。

首先,强调为民俭约,为官清廉。司马光强调"廉者,吏之首务",称本出自寒家,世以清白相承。称自小不喜华靡,不喜金银华美之服。二十岁中进士时赴进士宴不肯戴花,当同年称君赐不可违时方佩戴一花。平生服饰只求御寒,吃饭果腹,众皆以奢靡为荣,而独以俭素为美。司马光特别强调,俭为德之共,而侈为恶之大,德者皆由俭来。原因也很简单,俭则寡欲,君子不役于物可直道而行,小人如寡欲则谨身节用,所以说俭为德之共。而侈则多欲,居官必贿,居乡必盗,所以称忮恶之大也。

其次,强调节俭可聚福,而奢侈必招祸。司马光认为,侈则多欲,而如果多欲贪慕富贵必招致灾祸。司马光家训中以若干清官与由贪腐奢侈致败之官员为例,强调节俭之利,强调由俭入奢易,而由奢入俭难,所以平时必须勤俭持家。司马光指出,以俭立名以侈自败者实在太多,所以以此教训子孙,必须勤俭持家。

再次,以廉俭遗子孙必须要以身作则,否则只是空谈。司马光强调有德者皆由俭来,称"圣人遗子孙以德以礼,贤人遗子孙以廉以俭"。家训中以汉杨震为例,其子孙蔬食步行,称让后世称为清白吏子孙,不亦厚乎? 司马光自奉俭约,生活艰苦。平时食不敢常有肉,衣不敢常有帛。居洛阳时家处陋巷,三九寒天大雪纷飞室无炭火,夏天又酷热难熬,司马光无奈在室中掘地丈余另砌一室居住。当时洛阳有民谣,"王家钻天,司马入地"。

此外,司马光强调要加强子女教育,而且子女教育要从小开始,等到长大后再进行教育就无从为力。同时指出子孙择妻要贤,否则后代的教育会存在比较大的问题。司马光特别要求子孙必须保持廉洁,不可接受贿赂,并以历史上父母拒贿之例教育子孙,对"母教"予以特别重视,强调慈母必须从小教育子女清廉报国、为人正直,要求子孙保持以节俭为荣、奢侈为耻的家风。在司马光的教育下,其子司马康一生廉洁,口不言财。

司马光强调家国一体,先齐家而后治国,如果家不能齐而何谈治国? 司马光编著《资治通鉴》,也特别强调"以史鉴今",要求子弟多读儒学经典,以历史为鉴,努力保持廉洁俭朴家风。

五、清、慎、勤之官箴

南宋吕本中有官箴,强调清、慎、勤,为历代所推崇。吕本中历官中书舍人、权直学士院等职,所著《官箴》三十三条。其中第一条即说:"当官之法,惟有三事:曰清、曰慎、曰勤。"亦即吕本中认为当官的法则只有三条,即清廉、谨慎、勤勉。只要遵守这三条法则,就可以尽职尽责远离耻辱,既可以得到上司的赏识,也可以得到下属的拥戴。

清、慎、勤中"清"最为重要。有人临财当事不能自克，而且常抱有侥幸之心，以为不会败露，结果无所不为贪赃枉法而最终败露。败露之后又想百般弥缝，最终得不偿失悔之莫及。要做到"清"，必须事君如事亲，以儒家家国伦理行事，以事亲孝之心事君则忠，忠君则严于律己不致贪赃枉法。

所谓"慎"，即慎官场风险，切不可嗜利，必须抵制诱惑，否则为利所诱终将万劫不复。所以一定要慎"饵"，廉洁自矢，不是自己的一毫而莫取。也要慎"小"，防微杜渐，切不可以恶小而为之。此外，也要慎"伪"，务必着实，防止奸伪，特别强调要"自慎"。

所谓"勤"，即尽心敬业，为官之道要不辞辛苦、不怕烦难，不可懈怠和徇私情。强调当官要不怕难事，不能得过且过，今日事要今日毕。要深入调查研究，防止为下属所欺。

吕本中也强调为官者不可与"异色人"相接，尤其要远离"巫祝尼媪"之类，要以清心省事为本。吕本中认为为官者如果相信巫术迷信，必然会败坏政事，贬损官德，误国害己，后患无穷。当官戒巫是为官者所必遵循之道。

此外，《官箴》中也提出其他为官原则，如忠恕、直道、忍等。所谓忠恕，即当官处事务合人情，要宽容处世，德化教人。所谓直道，要敢于揭露不正之风，勇于批评上级过失，但同时也要直不犯祸和不害义。所谓忍，即忍住诱惑，忍得住不与人争利，强调"忍之一事，众妙之门"。

对于吕本中所著《官箴》，《四库全书总目提要》予以高度评价。称该书多阅历有得之言，书首即指出"清、慎、勤"三字作为当官之法，实为千古所不可易。有记载，康熙帝曾亲书"清、慎、勤"三大字，刻石赐内外诸臣，"清、慎、勤"三字即取自吕本中《官箴》。清赵翼所著《陔余丛考》中记载，各衙署多书"清、慎、勤"作为匾额。梁启超也曾指出，近代官箴中最脍炙人口者有三字，即"清、慎、勤"。清、慎、勤作为官箴文化的代表，也成为廉洁文化的重要组成部分。

北宋陈襄所著《州县提纲》中特别强调"廉、勤、慎"三字。陈襄强调指出，"廉"是"居官者分内事"，所以"居官不言廉，廉盖居官者分内事"。亦即廉洁作为为官者的当然之事，根本不必挂在口边，实在毋须自傲和张扬。为达到廉洁，需要"节用养廉"，通过控制支出而保持廉洁。"勤"是州县官员必备的品质,所谓"勤"者"政之所要"。为做到勤于政事,必须专心致志,而且要早起问政。"慎"为行事谨慎,即做事情前要深思熟虑,而且要控制好自己的情绪不可意气用事。

陈襄特别强调戒绝贪污,"一陷贪墨,终身不可洗濯"。所以"可饥可寒、可杀可戮,独不可一毫妄取"。陈襄也主张"为政以德",主张通过教化感动每一位为官之人,使其能够切实遵守为官之德和为政之道,切实保证自身清正廉洁尽心为国。

陈襄认为,清廉对于地方财政具有重要作用,只有清廉财政才能充裕。陈襄强调"节用养廉",称"廉则财赋给。有一邑之土地,斯有一邑之常赋;有一州之土地,斯有一州之常赋。或至匮乏者,多起于守宰之不廉。盖守宰廉则吏为欺弊犹有忌惮,守宰不廉则已盗。其一吏盗,其中上下相蒙,恣为欺隐,其终未有不至匮乏者。故理财当以廉为先,又时时检核渗漏,无有不给"。所以地方官员必须清廉,才能保证财政不致匮乏。

宋代经济空前发展,思想文化也得到长足进步,在科举制度不断选拔有才之士的同时,监察制度进一步健全发展,并涌现出一批具有代表性的廉洁思想与廉洁意蕴,廉洁文化内涵进一步丰富,得到长足发展。

第七章　元代廉洁文化

元代作为第一个由少数民族建立并统一全国的封建王朝,监察制度自成体系,构建起严密的监察网络,同时廉洁思想与廉洁意蕴有所创新,廉洁文化进一步发展。

第一节　廉洁思想与科举制度

一、忽必烈廉洁思想

元世祖忽必烈充分认识到,要统治中国必须行汉法才可长久,他在汉官员的辅佐下对机构进行重大改革,并特别强调监察机构促进政治清明廉洁的作用。中书省为最高行政管理机关,中书省下分设吏、户、礼、兵、刑、工六部。枢密院掌管军事,为加强对军权控制,例由皇太子兼领枢密使。设御史台为监察机构,御史台与中书省、枢密院地位并重。

忽必烈特别强调发挥御史台的作用,声称中书省为其左手,枢密院为其右手,而御史台专门负责医治两手。元代御史台作用空前加强,不但其地位与中书省和枢密院相当,而且从监察立法以及机构设置上特别强调发挥监察机构的作用。

忽必烈通过采取多种措施努力促进经济社会发展,其廉洁思想具有鲜明的特点。

首先,忽必烈极为强调地方吏治清明的重大作用,强调指出,县尹品秩虽低但关系百姓休戚,如果任用非人则朝廷恩泽不能下及,而且民情不能上达,因而必须选择廉洁干练之人担任基层官员。明确规定官吏升迁的五条标准,即户口增、田野辟、词讼简、盗贼息、赋役均,如果五条具备者则为上选,其中有三项好的为中选,如果一条皆无则黜而不用。正是通过强调选拔廉洁干练之人担任基层官吏,确保基层官员尽心效劳、廉洁奉公。

其次,明确赋予监察官员推荐廉洁奉公的官员的权力,如果不能按规定推举官员则要受到处罚。明确规定,"诸官吏若有廉能公正者,委监察体察得实,具姓名奏闻"。赋予监察官员法定荐举权,定期贡举可担任基层政府官员的人才,违期不举则要受到处罚。要求地方监察官员廉访司在辖区内每年可推举两位廉洁勤慎卓有才干之人。对任职时间已到可以升迁的官员,由监察机构提供该官员的政绩材料以确定是否可以升迁。针对有些监察官员滥用职权不禀报上级而擅自行文各衙门推荐官吏的情况,规定监察官员保举官吏及草泽之士一定要说明情况,由负责官员升迁的部门定夺是否可以选任,有关部门不可自行委任,也不得私自接受。

再次,忽必烈信奉"颁俸以养廉",认为足够的俸禄是确保廉洁的必要前提,通过一系列措施保证俸禄足额发放,并对不宜发放俸禄的情况做出明确规定。规定官员犯罪离职停发俸禄,如果证实官员未犯罪则予以补发。为体现赏罚分明,官员因犯罪解任勒停即使没有离职也不再发放俸禄。官员因事告假的经上司批准的俸钱照发,如超假则扣除俸禄。官员患病的百日内俸禄照发,而病假超过百日的则停发俸禄,从停俸日限一年内销假否则勒令致仕。针对官僚队伍庞大、财政负担过重问题,多次精简官僚队伍裁汰冗官,包括中书省、枢密院、御史台等重要机构均予以精减人员,以提高工作效率、减轻财政负担。明确规定官员不得倒卖商品以及放高利贷,防止官员与民争利,确保官员廉洁。

最后,努力发展经济,劝农桑以富民。忽必烈极为重视发展生产,强调富强国家以民为本,民以衣食为本,衣食则以农桑为本,在全国力行劝农大力发展生产。组织人员编撰《农桑辑要》一书，并颁发全国实施。成立劝农司，专门负责劝导和督察农事。后劝农司改为司农司，负责管理全国农桑水利业务。后又改司农司为大司农司，由御史台副职御史中丞兼大司农卿，以示对发展农业的重视。尽管有官员建议以御史中丞这样的二品官员兼任大司农卿没有必要，但忽必烈不予理睬。同时积极采取措施招民垦荒、发展屯田、兴修水利，并严禁毁伤庄稼，对于妨碍农时的不急之务也予以禁止。

此外，虚心纳谏，力行仁政。忽必烈深知兼听则明，尤其注意广开言路虚心纳谏。即位不久即接受臣下建议将都城迁至大都。接受劝谏改变屠城惯例，"降不杀人之诏"，平大理时旗上书"止杀"二字。为充分了解下情，忽必烈在中书省门前设了登闻鼓。时人称忽必烈"有唐英主之风"，虽嫌过誉但也非妄言。

二、科举制度

元代科举总体处于停滞状态，虽然也有部分年份举行科举。元代最早科举举行于1238年，元太宗窝阔台根据耶律楚材的建议"用儒术选士"，举行"戊戌选试"，但后续科举中止。忽必烈在位时围绕科举兴废问题展开反复讨论，虽然有汉臣主张恢复科举，而且也有大臣制定"选举之制"，但并没有真正实施科举。

元统一全国后未举办科举，读书之人缺乏上升通道，许多文人不得不担任吏员。一直到元代成立近五十年，元仁宗延祐二年（1315年）才重新恢复科举。

元代"民分四等"：一是蒙古人；二是色目人（包括西夏等西北地区少数民族）；三是汉人；四是南人（指长江以南的汉人和西南地区各少数民族），因长江以南抵抗元入侵最为激烈，因此将其划为南人以视惩罚。

科举政策具有明显的民族歧视色彩。蒙古人、色目人与汉人、南人分开考试。在乡试与会试时，蒙古人、色目人只考两场，而汉人和南人则必须考三场。御试即殿试时虽然四种人都考试策问一道，但蒙古人和色目人答题在五百字以上，而汉人和南人必须在千字以上。而且考题难度上也有区别，蒙古人、色目人的题目比较容易，而汉人、南人的题目较难。

放榜之时，蒙古人、色目人列为一榜，称"右榜"，汉人、南人另列一榜，称为

"左榜"。两榜各分三甲。第一甲赐进士及第,品秩为从六品;第二甲赐进士出身,为正七品;第三甲同进士出身,为正八品。蒙古人、色目人可自主决定是否参加汉人、南人的考试,如参加则录取后的待遇提高一等。

乡试科场全国共设十七处。考试共三场,其中八月二十二日为第一场,二十三日为第二场,二十六日为第三场。第一场蒙古人、色目人试经问五条;汉人、南人试明经二问,经义一道。第二场蒙古人、色目人试策一道;汉人、南人试古赋、诏、诰、章、表内科一道。第三场汉人、南人试策一道。

会试于乡试次年的二月举行,由通过乡试者到大都参加会试。二月初一试第一场,初三试第二场,初五试第三场。第一场蒙古人、色目人试经问五条,汉人、南人试明经二问,均在《大学》《论语》《孟子》《中庸》内出题,答案以朱熹《四书章句集注》为准。第二场蒙古人、色目人试策一道,汉人、南人试古赋、诏、诰、章、表内科一道。第三场汉人、南人试策一道,在经史时务内出题,要求一千字以上。

元代把程朱理学定为科举取士的标准,《四书章句集注》成为科举考试的依据。《四书章句集注》成为读书人的必读书目,此后经明代直到清末取消科举,以程朱理学作为科举取士标准持续近六百年。

元代科举录取人数较少,元后期五十多年共录取进士一千余人,占同期文职官员总数的比例很低。

第二节 监察制度

一、中央监察制度

至元五年(1268年),成立御史台,御史台与中书省、枢密院鼎足而三成为中枢三大机构之一,职掌纠察百官善恶与政治得失。

元代御史台作为独立行使监察权的机关,与中书省、枢密院并列,品阶也较唐宋为高。不但规定中书省、枢密院、制国用使司凡有奏禀公事必须与御史台官一同奏闻，而且御史台有权弹劾中书省、枢密院、制国用使司等内外百官奸邪非违之事，以肃清风俗推进廉洁，同时负责刷磨诸司案牍并监察祭祀及出使之事。

御史台设御史大夫二员从一品，御史中丞二员正二品，侍御史二员从二品，治书侍御史二员正三品。元代种族歧视严重，担任御史大夫者须为国姓。唯一被任命为御史大夫的汉人贺惟一，还被赐蒙古姓拓跋并改名太平。汉人只能担任等级较低的监察官员，南人更受歧视。因程钜夫为南人，被任命为御史中丞时就被否决。

御史台不再分三院，台院与察院合二为一，殿院降为殿中司，只设殿中司和察院。废撤台院，同时将原台院长官侍御史品级提升，以强化领导力量。殿中司设殿中侍御史二员正四品，殿中侍御史主要负责监督百官班序与失仪失列等。察院设监察御史三十二员正七品，主要司耳目之寄及任刺举之事。监察御史人数较此前朝代有较大增加，虽然监察御史仅为正七品，但监察范围广而且权重，仍然承袭以卑临尊之制。

御史台具有广泛的职权，包括行政、人事、经济、司法各个领域。职责包括纠弹各级官吏，监督官吏的选任考核升迁，纠黜不称职官吏，监督司法，以及巡按地方等。元代希望通过提高御史台地位增加御史台职权，以有效制衡中书省与枢密院并巩固皇权。此前唐宋时期御史台地位虽然重要但尚未达到与行政机构和军事机构并列的地步。

元代较为注意发挥监察官员的作用，时人比喻监察官员为卧虎，意即虽然监察官员并不总是搏击伤人但仅睡卧亦有其威慑作用。监察官员能否有效发挥作用，总体而言与统治者的清明与否以及权臣是否刻意打击监察官员有着重要关系。元代权臣打压监察官员史不绝书，也有权臣试图将御史台隶属于中书省以削其权但未果。

元代也不乏监察名臣，姚天福即是其中之一。至元五年（1268年），姚天福入职御史台为官，至元十一年（1274年）任监察御史。初任监察御史时即弹劾宰相阿合马，当时忽必烈正倚重阿合马解决财政问题，弹劾无果。姚天福巡按地方时路过家乡便顺路探望母亲，其母一见即斥责他身为监察御史为何私自回家。姚天福对其母称,身为监察御史即使冒犯皇上也不敢徇私,已向皇上禀明如果冒犯皇上请不要牵连我的母亲。阿合马因被姚天福弹劾一直想报复,曾突击搜查姚天福的家,结果一无所获,只搜出几升谷米。《元史》认为姚天福可以与汉朝汲黯和宋朝包拯相比。

元代不再设谏院,御史兼有谏官职能。门下省机关全部废除。给事中保留,但归属起居院,仅掌记起居注,不再负责言谏封驳职责。

二、地方监察制度

因地域广阔,在地方设有两个行御史台,分别为江南诸道行御史台与陕西诸道行御史台,这也是元代最具特色的地方监察制度。行御史台作为御史台的派出机构,发挥着沟通中央监察与地方监察以有效形成合力的作用。

全国划分为二十二道监察区,设立二十二道肃政廉访司。二十二道肃政廉访司分属中央御史台和江南、陕西二行御史台,而江南、陕西二行御史台又受制于中央御史台。这样形成一个以中央御史台为中心,行御史台为重点,各道肃政廉访司为经纬的全国地方监察网络。

行御史台各置御史大夫一员、御史中丞二员、侍御史二员、治书侍御史二员,职级与御史台官员职级相同。行御史台不设殿中司,其职能主要为监督监察弹劾行中书省、宣慰司等以下相关的官员违法事件等。

元初地方设提刑按察司,后改提刑按察司为肃政廉访,由廉访司官员提调各路监临地方。肃政廉访司官员在御史台或行御史台的领导下,监督行省以下的路、府、州、县,通过垂直管理有效确保监察机构的权威。

肃政廉访司纠察百官,监督纠劾各道所属地方官吏,也掌管监察司法活动,同时监督科举。肃政廉访司官员除廉访使二人留守外,其他副使二员、佥事四员都要定期出巡监察地方,监察内容一般包括民事、钱谷、官吏奸弊等。一般每年八月出巡,次年四月还司。官员出巡要回避原籍。

三、监察官员

元代任官的基本原则是,只有蒙古人、色目人才可为官府之长,汉族官员只能辅佐,监察官员也基本遵循这个原则。只是由于监察机构较为特殊,而且有的工作蒙古人、色目人难以承担,所以也有例外,个别汉人可以破格使用,但南人不在破格之列。

选任监察官员时,首先要求忠纯体国,即必须忠于皇帝。其次是为上毗倚,为下瞻依,即必须深得皇帝信任,而且能作百官表率。此外,要求才德可称、廉能兼备、政绩昭著、行无玷瑕,即德才兼备、廉洁奉公、政绩显著且无过失。蒙古人、色目人只要符合前两条即可入选,汉人则需要符合所有标准才可能入选,南人则极少担任监察官员。

早期御史台官员主要从一般官员中选拔,以后主要从本系统选拔,从低级转高级或换一职务,或由吏转官。监察官员来自科举者较少,许多是由吏员升任而来,而且许多监察工作本身是吏员具体负责。对升任监察官员的吏员要求极为严格,要求行止可观且吏事熟娴。

地方官员保举监察官员时,须写明被保举人的姓名、籍贯、出身、历仕情况、政绩、堪任何职、举荐人姓名等,先荐举于行御史台,行御史台核准后再提交中央御史台。中央御史台复核后,符合条件者可担任监察官员的,根据原任之职依等第任命为对应等级的监察官员。

元代重视对监察官员的考察与监督。要求监察官吏公勤奉职、廉慎律身,并严格要求吏属不得擅作威福废弛纲纪。每年按时巡察各地考核各级监察官吏政绩,年终汇总呈御史台。监察官员任满后,由中央御史台定升任、迁转或黜降。称职者例升一任,或再任一任,或转出监察系统任职。不称职者黜降。

监察官员很少对外交流,一般在系统内任职。监察御史升职不限常例,一般为越级提拔,如监察御史秩正七品一旦迁转为廉访司官员则升为正五品。监察御史行使职权时面临较大的风险,为鼓励监察御史切实履职不仅实施以卑临尊制度,而且予以优越的升迁机制激励其认真履行职责。

对监察官员的管理也较其他官员严格。监察官员违法犯罪罪加一等,大赦或减降时监察官员则不在其列。监察官员如有受贿徇情或其他犯罪,轻者杖责,重者永不叙用,且断罪流放籍没家产。监察官员不得收送礼物,在本署或巡察期间除个别重大节日外不得私同饮宴。出巡不得多领差费,出巡期间不得访亲问友收礼,不得求娶妻妾,不得带亲眷、闲人同行等。

四、监察法规

元代在监察立法上做出了重大变革,除了监察机构的职权外,对其他重要监察方面的有关内容也做了明确规定。元代以宪纲的形式规范中央监察主体,规定了监察的对象、职责、纪律和奖惩情况,对推进监察制度完善具有积极意义。

至元五年(1268年),侍御史高鸣主持制订御史台纲《设立宪台格例》共三十六条。《设立宪台格例》也被视为第一部完整的中央监察法规。至元六年(1269年),结合地方监察特点制定《察司体察条例》等,后又陆续制定《行台体察等例》等监察法规,相关法规对推进地方监察发挥了积极作用。

《设立宪台格例》是元代御史台行使监察权的基本法规,分宪纲和条例两部分。宪纲部分主要规定御史台的职权范围和地位,明确御史台可以弹劾中书省、枢密院、制国用使司等内外百官奸邪非违,肃清风俗,刷磨诸司案牍,并监察祭祀及出使之事。条例部分分列纠察事项二十条,还有纠弹事项、体究事项、推纠事项、体察事项、纠劾事项、照刷事项、罚则等项。

《设立宪台格例》最后一条规定,该载不尽应合纠察事理,委监察并行纠察。这实际上赋予监察机关对于所有应该纠察之事进行监察和纠察的权利,毕竟监察法规不可能穷尽所有应该纠察的事项,有了此条规定后监察官员在必要时就可予以相应纠察。

为防止冤案,允许上告,相关法规对上告程序做了明确规定,要求逐级上告与分类上告,并且不得诬告。逐级上告指诉讼人先自下而上以次陈告,不得越告。分类上告指根据事情类别分类上告,民户经左右部,军户经枢密院,钱谷经制国用使司。严格禁止诬告,诬告者交提刑按察司惩处。

为保证监察官员发挥作用,如监察官员的奏章有不当之处亦不加罪。明确规定禁止干扰监察官员的正常工作,违者治罪。被弹劾者不得挟仇诬告,否则治罪。栽赃陷害监察官员者,同样也要治罪。而且规定原为僚属后升为监察御史者,不得妄告自己以前的官长及同僚。

监察法规明确规定了监察官吏应遵守的纪律,包括监察官员必须服从御史台指挥,违者断罪;监察官员应敢于如实纠弹不法行为,知而不举劾者给予惩处;监察官员公事在职权范围内能问则问,问题重大的则要上报;巡按在巡察之处不得求娶妻妾等。监察官员不得接受贿赂,犯罪从严处置,犯罪者罪加一等,且经赦不赦,经减降不减降。

监察法规明确规定监察官员的考核标准。监察御史任满后根据其业绩决定升降,镇静、谙知大体、所言得实、民无冤滞者为称职,如果苛细生事、暗于大体、所察不实、民多冤滞者为不称职,根据考察结果,呈报中书省确定升降。对名声不好的监察御史,由御史台负责查实。

第三节　廉洁人物与廉洁意蕴

一、张养浩

张养浩以其散曲《山坡羊·潼关怀古》知名。张养浩任职期间不畏权贵为民请命,曾休闲近十年数召不出。在年已六十时因陕西大旱,毅然出任陕西行御史台御史中丞负责救灾。赈灾过程中张养浩止宿公署,夜祷于天,昼赈饥民,因过度劳累病逝于任上。关中之人哀之如失父母。

张养浩在赈灾途中忧国忧民,写作了大量散曲,其中一首《中吕·喜春来》为:"亲登华岳悲哀雨,自舍资财拯救民,满城都道好官人。还自哂,比颜御史费精神。"颜御史即唐代颜真卿,曾正值天旱因平反冤狱而天降大雨被称为御史雨。

张养浩在职期间与其他官员力推开展科举,于延祐二年(1315 年)作为礼部侍郎与其他官员共同主持元代第一次科举考试。该次科举网罗了一批名士。恢复科举后开启了读书人入仕的大门,他们极为感激,纷纷要登门拜谢,但都被张养浩婉拒。张养浩告诫他们:"诸君子但思报效,奚劳谢为!"

张养浩著有《风宪忠告》。风宪即监察官员。《风宪忠告》论述了监察官员应遵循的行为准则与应具备的道德修养，强调官员要加强自我修养，特别强调要廉洁，要以廉洁为准则严格约束自我。张养浩认为监察官员面临着极大的风险而且行事艰难，即难与危并存，作为忠于职守的监察官员，必须不怕牺牲，直面困难与危险，置死生祸福于度外，才可上不负国家、下不负所学。

《风宪忠告》首先强调监察官员的责任是纠奸绳恶肃正中外纲纪，因而监察官员必须严于律己，自律要严于一般的官员，不自律则难以服众。监察官员对自己的一语一行一住一默必须严格要求。而为自律首先要廉正，立身要正，严于律己，正人要先正己。监察机构长官自律而司官不敢恣意妄为，司官自律而书吏不敢恣意妄为。监察官员的自律不仅关系个人品质好坏，而且关系到国家的统治效能。监察官员在严于律己的基础上也必须努力约束下属。

其次，强调监察官员因工作性质所系应不避危难，要置生死祸福于度外。监察工作主要揭露各级官员工作中的失职之处，为进谏还要与君主争是非与大臣辨可否，因而承担着极大的风险。至于发人之奸、贬人之爵、夺人之官，甚至罪人于死，更是充满着风险。因而，中外之官莫难于风宪，也莫危于风宪，而实际情况也确实如此。为此，监察官员必须置生死祸福与度外，尽公无私，竭忠吐诚；必须树立为国为民的思想，正确对待在行使职权中遇到的困难与危险；尤其是在临难时更要正确对待荣与辱，尽己之职为国为民，得罪君子不以为辱而以为荣。监察官员要保持气节，不荡于富贵，不蹙于贫贱，不摇于威武，道之所在，死生以之。

再次，担任监察官员不仅要弹劾权贵、不避权贵，还要爱护君子为国惜才。纠弹与荐举亦有不同，荐举宜先小官，而纠弹宜先贵官。如果贵官过失不予纠弹，他们下属的过失就很难纠正，即所谓"豺狼当道，安问狐狸"。纠弹不仅要区分官职大小，还要审其素行是君子还是小人。如果是小人之过，虽是小过也要绝其后患。如果是君子之过，则人才难得以保全。

最后，《风宪忠告》特别强调为查清事实真相必须认真调查研究。监察官员的重要职责是揭发官邪、荐举廉正，但贪邪与廉正往往混同难以鉴别。为此，监察人员必须深入实地调查研究，对所得的情况认真分析，反复检验证实以获得准确的信息，这样才能辨清事实、扬善除恶。

此外，《风宪忠告》认为监察官员要加强自身修养，在向君主献可替否尤其是与大臣廷辩时，不可自以为有理而盛气凌人，要平心静气、陈之以理，以理服人，决不可强词夺理。在处理犯罪之人时要以事实为依据，不可主观臆断，也不能严刑逼供。对于由中书省选拔监察官员的做法，张养浩予以明确反对，称"尉专捕盗，纵不称职，使盗自选可乎？"

除《风宪忠告》外，张养浩还著有《庙堂忠告》与《牧民忠告》，分别对中央官员及地方官员如何廉洁奉公提出了要求。

《庙堂忠告》特别强调中央官员要廉洁修身，称"廉以律身，忠以事上，正以处事，恭慎以率百僚"。这样才能令名俱至，舆论称善。而如果不善自修身，徇私忘公贪无纪极者则恶名自至，终将辱加其身。强调要学诸葛亮建功立业，而不要学元载贪利好财亡身。

《牧民忠告》特别强调地方官员要廉洁奉公，"既受命以牧斯民矣，而不能守公廉之心，是自不爱也，宁不为世所诮耶？"将是否廉洁作为判定官员是否为好官的标准，如果为官能做到"宁公而贫，不私而富，宁让而损己，不竟而损人"即为品德高尚之人。特别劝诫官员贪污腐化并无好处，一旦事发则损失极大，个人和家庭都会受到极大影响。官员要廉洁不但要管好自身，而且要管好家人和下属。

二、《郑氏规范》

《郑氏规范》又名《郑氏旌义编》，是历宋、元、明三代累世共居三百多年的郑氏家族的家训，为从元至明清著名的民间家训之一。郑氏家族以孝义治理家族，宋、元、明三朝均予以旌表，《宋史》《元史》《明史》"孝义""孝友"类均记载郑氏家族事迹。

南宋年间，郑氏义门始祖郑绮倡导以"孝义立身，肃睦治家"。经郑氏数代努力，元代郑文融初订《治家规范》五十八则。后经不断修订增删，定稿于明，总数为一百六十八则，刊为《郑氏规范》。《郑氏规范》"据儒家仁义之根本，述治家为官之大道"，从齐家修身养性等方面做出明确规定。郑氏家族人最多时有三千人，宋元明历十五世为官者一百七十三人，无一人贪赃枉法，实赖家训之力。

明代"开国文臣之首"宋濂曾在郑家执教三十余年,是明代典章制度的主要制定者,在修订过程中参考了《郑氏规范》。朱元璋看过宋濂所献《郑氏规范》后称,"人家有法守之,尚能长久,况国乎!"任命郑家八世郑沂为礼部尚书,让其掌天下礼义。洪武十八年(1385年),朱元璋御赐郑氏家族"江南第一家"。时称义门郑氏,故又名"郑义门"。

《郑氏规范》首先强调,"所习所行,无非积善之事"。特别强调要积善,要求子孙不得图胁人财侵凌人产以为祖宗积德之累。要求郑氏子孙处理好亲朋邻里关系,处事接物当务诚朴,不得奢靡,要以清廉为本;出仕为官必须勤政爱民,以报国为务,不得恃贵自尊,更不得贪污接受贿赂。

其次,要求戒奢崇俭,勤俭持家。郑氏子孙深知"成由勤俭败由奢",重点突出戒奢戒贪戒欲,有关戒奢条目达十七条,一再告诫郑氏子孙要以勤俭朴素为准绳。如果有私置产业、私下积攒钱财的,将鸣鼓而攻,明示罪行并将劣迹书于墙壁。购买产业时要为后代长久着想,一定要给足价钱不可借机压价。否则天道好还,通过不当手段获得资产也必将失去。处事接物必须诚朴,不可奢华。家业之成难如登天,所以必须俭素。除了祭祀用的酒器可以用银打造,其他均不得用银。

再次,因郑氏出仕为官者较多,《郑氏规范》特别对子弟为官者提出要求,尤其特别强调清廉为官。对于出仕者,强调"奉公勤政,毋蹈贪黩",要求"切切以报国为务,抚恤下民……毋行苛虐,又不可一毫妄取于民"。"须奉公勤政,毋蹈贪黩以忝家法。"而且如果"廪禄有余,亦当纳之公堂",即俸禄有余要上交,而不可交给家人。如果子孙有贪赃枉法者,"生则于《谱图》上削其名,死则不许入祠堂(如被诬指者,则不拘此)"。通过对为官者的严格要求与明确规定,以确保其勤政为民、清廉自持。正是在如此严格要求下,郑氏居官一百七十余人无一贪赃枉法者。

为严肃家规,郑家专门设立监事一职。监事的职责是明察众人是非,监督钱款出入、物产买卖等事宜,以杜绝贪污腐败与奢侈浪费之事。监事选"端严公明、可以服众者"担任,任期两年。监事职责一是明辨是非,直言对错,对长辈犯颜直谏，对幼辈谕以人伦大义。二是监督权力，奖惩功过。监事要不畏强，讲理不讲情，对事不对人，敢于直言各人是非。如果有监事对发现的不法现象隐瞒不报或者不能发现不法现象等不称职者，则免其职务。监事在监督其他人的同时也受其他人监督，监事由家众推选，家众又有对不合格者的罢免权。

郑义门作为中华民族传统大家庭的缩影，深入体现了中华民族的"家国同构"观念，国与家紧密相连而不可分离，齐家才能治国，"欲先治国者，必先齐其家"。《郑氏规范》作为儒家齐家治国理想的具体实践，不但在家训史上具有典范意义，而且是古代廉洁文化的优秀代表和重要组成部分。

三、元诗及杂剧中的廉洁意蕴

元代虽非以诗闻世，但也有诗作显现廉洁意蕴。如曾任监察御史等职的吕思诚清廉自矢，在家中早餐无米下锅时题有《戏作》一诗："典却春衫办早厨，老妻何必更踌躇。瓶中有醋堪烧菜，囊里无钱莫买鱼。不敢妄为些子事，只因曾读数行书。严霜烈日皆经过，次第春风到草庐。"诗中称不敢妄为那些贪腐之事，只是因为受到过儒家教育，全诗表现出清廉、幽默和达观的意蕴，读者在会心一笑的同时也会产生些许心酸。吕思诚另有"少米无柴休懊恼"及"自掩柴扉咬菜根"等，显示了其安贫乐道、清廉自持的高风亮节。

元代杂剧主要从刺贪的视角呈现出廉洁气象。元杂剧充分揭露统治者的罪恶以及为官者的贪赃枉法，深刻揭露社会黑暗，同时彰显清官不畏权势为民请命的行为。如关汉卿所著《包待制智斩鲁斋郎》《陈州粜米》《窦娥冤》等。

元曲有较多抨击黑暗的作品。如《窦娥冤》痛斥"地也，你不分好歹难为地；天下，你错勘贤愚枉做天！"也有无名氏所作《正宫·醉太平》："官法滥，刑法重，黎民怨。人吃人，钞买钞，何曾见？贼作官，官作贼，混愚贤，哀哉可怜！"

元代出现诸多以包拯断案为内容的杂剧，如《包待制智斩鲁斋郎》等，对发扬以包拯为代表的清官文化发挥了重大作用。《包待制智斩鲁斋郎》颂扬了包拯的清正廉洁和不畏权势伸张正义的高大形象。鲁斋郎自恃身为皇亲欺压官府强抢民女，包拯上奏皇帝时将鲁斋郎写为"鱼齐即"瞒过皇帝，皇帝判"斩"，于是包拯增添笔画,将"鱼齐即"改为"鲁斋郎",才能奉皇命智斩鲁斋郎。

    元代虽然属于民族矛盾突出时期,但廉洁文化仍有所发展,尤其是监察制度进一步创新发展为此后朝代监察制度发展奠定了基础,而且有关廉洁思想与廉洁意蕴得到进一步发展,古代廉洁文化继续发展。

第八章　明代廉洁文化

明代廉洁思想进一步发展,科举制度趋于成熟,监察制度在前代的基础上进一步发展,尤其是地方监察制度更为完善,明代廉洁文化发展到一个新的高度。

第一节　廉洁思想与科举制度

一、朱元璋廉洁思想

1368年,朱元璋称帝,国号大明,朱元璋为明太祖。朱元璋效法汉唐并参以宋朝典章制度,构建了高度中央集权的体制。取消丞相之制,由皇帝直接统率六部(吏、户、礼、兵、刑、工)和三院(都察院、通政司、大理寺)。科举制度进一步健全完善,成为选拔人才的主要途径。监察制度进一步发展,废御史台,成立都察院和六科给事中,推出以巡按御史为代表的地方监察制度。

朱元璋出身贫苦,深知贪官污吏之害,所以掌权后极力肃贪,特别强调"自古王者之兴,无不由于勤俭;其败亡,未有不由于奢侈",其廉洁思想在廉洁文化史上具有重要地位。

首先,民为邦本,与民休息。元末战乱,百姓深受其苦,朱元璋以儒家学说民本思想为本,克己清廉,轻徭薄赋,与民休息,大力发展生产,不准官员鱼肉百姓,力求为百姓创造较好的生存环境。朱元璋即位后的三十多年,共下诏减免赋税和赈济灾民七十多次。

其次,勤谨为政,躬行节俭。朱元璋秉承儒家勤政与寡欲思想,称帝后一再告诫各级官吏要兢兢业业、居安思危,自身更是以身作则、身体力行,而且躬行节俭、避免浪费。朱元璋称,"自昔有国家者,未有不以勤而兴,以逸而废。勤与逸,理乱盛衰所系也"。所以朱元璋作为开国之君辛勤工作、厉行节俭。

再次,倡廉惩贪,整饬吏治。朱元璋坚持"吾治乱世,刑不得不重"理念,坚持治乱世用重典,通过重典治贪取得了一定成效。朱元璋亲自主持修订《明大诰》。《明大诰》作为具有特别法性质的法令以判例形式出现,严惩贪官污吏以弥补律文不足,同一犯罪尤其是贪污罪《明大诰》处罚规定远较《大明律》为重。出台包括"剥皮实草"之类的酷刑,规定凡贪污六十两银子以上者"枭首示众,仍剥皮实草",以严惩贪官。由于《明大诰》过于刑酷法严,朱元璋去世后被废止。为打击贪官,朱元璋鼓励民众赴京告状,并且允许民众将不法官员直接绑赴进京送审。

最后,奖励清廉,养廉奉公。朱元璋在严厉惩处贪官污吏的基础上,大力表彰提拔清廉之士,以发挥廉洁的正面引导作用。开国之初新任一批官员,朱元璋认为布衣之士新授以政必须养其廉耻,然后才能要求其廉洁奉公。朱元璋曾授予新任官员相应的上任费用,并告诫官员这些费用是"以养汝廉,俾之奉公",要求官员不得渔民自利。朱元璋对官员强调,只有他们清廉守法才能永保禄位。"若移作奸之心以为善,何事不成?国家俸禄如清泉,汲而不竭。彼不知守法以保之,虽斗积钱充屋,一旦事觉,皆非己有。今汝等之官,宜鉴彼前非,则永安禄位矣。"

此外,健全制度,加强监察。朱元璋对元末官吏腐败有切身体会,所以把察官邪即整肃官纪放在特别重要的位置。明初成立御史台,因监察效果不佳,虽然曾短期取消御史台,但后成立都察院与六科给事中,在前代监察体制的基础上大大强化了监察制度建设。为发挥监察部门作用,朱元璋一再发谕,称风宪之设在于肃纪纲清吏治,如果台宪以刑名轻重为能事、以问囚多寡为勋劳,那么就属于舍本逐末。朱元璋特别强调对皇帝的进谏,称人君居高位恐阻隔聪明,进而不闻其过,退而不知其阙,所以一定要有献替之臣与忠谏之士以拾遗补阙,因而监察官员要勇于向皇帝进谏,朝廷政事如有遗阙均可进谏。

二、科举制度

明代科举制度进一步发展,科举之制趋于成熟。明代科举始于明太祖洪武三年(1370年)。朱元璋发布诏书,下令以科举取士。但开科取士后,朱元璋对科举选拔的人才并不满意,洪武六年(1373)二月下诏停止科举。至洪武十五年(1382年)又发布诏令,宣布恢复科举制度。科举三年一试为定制。科举考试分为乡试、会试、殿试三级。

洪武十七年(1384年)规定,士子童试合格后获得秀才功名者,才有资格参加乡试。童试又称童生试、童子试,包括县试、府试和院试三个阶段的考试。凡未获得秀才功名者,均称为童生。童生首先要参加由知县主持的县试,通过县试者有资格参加由知府主持的府试,通过府试的有资格参加由提学道主持的院试。院试与县试、府试的内容相同,以《四书》义、本经和论、策为主。院试的取中者称为生员,又称秀才。

乡试又称乡闱,每三年一次,逢子、午、卯、酉年八月举行。因考期在秋季八月,故而乡闱又称秋闱。乡试考中的称举人,第一名称解元。乡试分三场举行。八月初九日为第一场、十二日为第二场、十五日为第三场。先一日放入,次一日放出。初场试四书义三道,经义四道。二场试论一道,判五道,诏、诰、表内科一道。三场试经史、时务策五道。

试卷首页书应举人的三代姓名和籍贯年甲及所习本经等,回避御名及庙号,不许自序门第。科场文字要求务必平实典雅,不许浮华险怪。文章要求醇正内雅、明白通畅,合于程式。

应举人用墨笔,称墨卷。誊录用朱笔,叫朱卷。乡试主考官和同考官为内帘官。主考官主要负责出题和确定录取试卷、排定名次等,同考官负责评阅试卷,又称房考官。提调官员等均为外帘官。

乡试取中者为举人,第一名为解元。乡试中榜称乙榜,也称乙科。举人有资格参加会试。举人即有为官资格,即使举人参加会试未能考中进士,也可以通过吏部铨选而出任官职。

会试于乡试的第二年即逢丑、未、辰、戌年二月举行。全国举人在京师参加会试,考期在春季二月,故称春闱。会试由礼部主持,又称礼闱。会试也分三场,初九日第一场、十二日第二场、十五日第三场。

各省中试举人,包括新科举人和会试下第举人都有资格参加会试。

最初会试录取不分区域,至宣德二年(1427年)后会试实施南北中分卷录取,以防因各地文风不同而导致录取名额有过大差别。最初分卷录取实施南卷60%,北卷40%。后演变为南卷取中45%,北卷取中35%,中卷取中10%。

会试录取者称为贡士,第一名称会元。

通过会试的贡士参加殿试,殿试由皇帝主持。殿试不黜落,仅排列名次。取一甲三名,二甲若干名,三甲若干名。

一甲三名为进士及第,直接授官。一甲第一名即状元,授翰林院修撰,从六品。修撰也为状元专职。第二、三名授翰林院编修,正七品。二甲为进士出身,三甲为同进士出身。

连续得中解元、会元及状元者称连中三元。明代连中三元者仅商辂一人。

明代开始实施庶吉士制度,从新科进士中选拔庶吉士。庶吉士俗称翰林,一般升迁前景良好。学习年限一般为三年,散馆后优秀者留在翰林院任编修、检讨,其他任命为给事中、御史等官。天顺二年(1458年),明确非进士不得入翰林,非翰林不得入内阁。南北礼部尚书、侍郎及吏部右侍郎,非翰林不得担任。庶吉士始进翰林院,即被视为储相。明代宰辅一百七十余人,出自翰林者十之八九。

第二节 监察制度

一、中央监察制度

明初先设御史台,后撤销。洪武十五年(1382年),设都察院,下辖十三道监察御史。最初都察院官员品级较低,都察院长官都御史仅为正七品。为树立都察院权威,两次提升都察院官员品秩,最终确定都御史正二品,副都御史正三品,佥都御史正四品。

洪武十五年(1382年),设六科给事中作为直属皇帝的独立监察机关。六科给事中与都察院并无统属关系,通过相互监督以加强监察并防止监察官员坐大。六科给事中与十三道监察御史并称科道,或称台垣。

朱元璋极为重视监察机构的作用,称朝廷纪纲尽系于都察院,都察院与六部处于同样重要地位。朱元璋重视监察工作的规范化与法制化,制定了一系列监察法规,使监察工作有法可依。针对此前曾风行的风闻言事,强调不能风闻弹劾,要有实据重实证。朱元璋坚决反对台谏官吏不讲实证,以风闻言事邀功。有监察御史奏劾陶安有"隐微之过",而当被问及从何得知时御史回答"闻之于道路"。朱元璋大怒,称御史但取道路之言不能称为尽职,即令中书省罢黜该御史。中书省称御史职居言路,有失也宜宽容。而朱元璋不以为然,说长良苗必芟稂莠,任正大者必绝邪人,坚持罢黜该御史。朱元璋强调纯洁监察队伍必须及时,称去小人当如扑火,当其未盛而扑之则易为力,否则就难以控制。

都者,总也,都察院即察院之首。都察院不再分设台院、殿院与察院。都察院设左右都御史各一人,与六部尚书合称七卿。左右副都御史各一人,都御史以下设左右佥都御史各二人。都察院与大理寺、刑部合称三法司。地方上总督、巡抚也兼都御史、副都御史等职。南京亦设都察院,职数较北京都察院为少。

都察院职掌纠劾百司,辨明冤枉,提督各道,为天子耳目及风纪之司,负责弹劾不法,审理刑狱,考察官员等。官吏考察黜陟会同吏部,重大刑狱案件会同刑部与大理寺。都察院职权广泛,远非前代御史台可比。

都察院设十三道监察御史,共一百一十人,正七品。监察御史继续遵循以卑临尊之制,虽然品级不高但权势极重。都御史位高权重地位崇高,亲自实施弹劾搏击之事有失大臣之体,一旦弹劾有误也难以回旋。因此,搏击之事就让监察御史主要承担,即以卑临尊。朱元璋称,要建立"以小制大,以下制上,大小相制,上下相维"的监察体制。

监察御史总的职掌是,主察纠内外百司之官邪,或当面弹劾,或上奏弹劾,以上奏弹劾较多。监察御史在京内负责刷卷,巡视京营,监临乡、会试及武举,巡视仓场、内库等。在京外职掌包括专差与巡按等,尤其是巡按是监察御史的重要工作之一。

监察御史监察业务覆盖所有的行政部门,都察院重点监察重大朝政活动,同时都察院和六科给事中也均在监察御史的监察范围之内。各道监察御史虽然名义上属都察院,接受都察院的考核,但与都察院长官保持着一定的距离,具有较强的独立性。

监察御史权重,都御史对御史的纠举弹劾不得指使与干涉。监察御史弹劾文武官员时,不必事先咨请都御史,只须于弹劾当天具揭贴向都御史汇报弹劾的内容即可。监察御史也可弹劾都御史。监察御史出巡回京时更是直接向皇帝汇报,而不必经过都御史。

为加强对地方政府监察,采取委派监察御史出巡之制,出巡的监察御史称巡按御史。永乐元年(1403年),监察御史分巡天下称为定制。监察御史对省级行政区域执行监察业务时,各道监察御史是代天子巡狩,即"代天巡狩,如朕亲临",有事直接上奏章给皇帝,只对皇帝负责。

朱元璋强调监察官员要以公正为心、廉洁自守,努力作为百官表率。浙江道监察御史凌汉曾审清许多冤案,有一次被平冤的人邀请其到家喝酒并赠以重金。凌汉称律有定法其并非法外施恩,喝酒可以,但决不可受金。朱元璋知道后非常高兴,破格提拔凌汉为右副都御史。

朱元璋一再对监察御史提出要求,曾说为人不可太刚亦不可太柔,刚则伤物,柔则废事,二者相济始克有成。又称纪纲法度为治之本,振纪纲明法度则在于监察官员。执法上应天象,少有偏曲则纪纲法度废坏,而天道昭然,必须谨慎无偏执法。

王廷相曾任左都御史,曾告诫监察御史张瀚需防微杜渐。一次王廷相雨后坐轿外出,一轿夫穿新鞋最初小心翼翼生怕踩上雨水,但仍还是不小心踩到雨水而把鞋弄脏,于是轿夫不再顾惜新鞋,遇到雨水也毫不在乎直接踩上。通过这个故事王廷相告诫张瀚出任监察官员之道,一定要防微杜渐、善始善终。

御史弹劾权臣或进谏皇帝,往往有极大的风险甚至有性命之忧。监察御史王朴性格耿直,经常与朱元璋争论,有一次朱元璋大怒下令将其处死。王朴临刑前路过国史馆时大呼,学士刘三吾记好某年某月某日皇帝杀无罪御史王朴!朱元璋杀掉王朴亦有悔意,因王朴死前作诗行刑者没有上报,朱元璋又杀行刑者数人。嘉靖三十一年(1552年),御史王宗茂弹劾严嵩自以为必死,结果被贬官出京,于是恬然出都。

正是由于监察御史的重要作用,权臣无不利用御史排斥异己,监察御史在政治斗争中也往往冲锋在前。嘉靖时严嵩在监察机构安插自己的亲信鄢懋卿等人。徐阶力图扳倒严嵩,机会成熟时便授意御史邹应龙弹劾严氏父子。邹应龙后升任左副都御史等职。万历初年,邹应龙弹劾太监冯保被报复,借京察之机邹应龙被勒令退休,部分监察官员投井下石弹劾邹应龙,邹应龙被免官郁郁而终。

监察官员也经常沦为权力斗争的帮凶。有监察御史甘心自污,如崔呈秀主动投靠魏忠贤。但明代也有很多铮铮铁骨的御史,不惜身家性命弹劾权臣。监察御史魏允贞弹劾不避权贵,弹劾官员中包括首辅张居正。魏允贞弹劾张居正专揽国权恶听谠言,以致昌言不闻佞臣得志。魏允贞巡抚山西时,曾有诗"食禄乘轩著紫袍,不问民瘼半分毫。满斟美酒千家血,细切肥肉万姓膏。烛泪下滴冤泪降,歌声嘹绕怨声高。群羊付与豺狼牧,辜负皇恩用尔曹"。

都察院设有监狱。明武宗年间,宦官刘瑾专权后事败,将刘瑾与党余吏部尚书张采等六人全部送都察院狱。刘瑾极受明武宗宠信,御史陆昆偕弹劾无果,御史蒋钦三次上疏,三次被杖,最终被打死。

监察御史之权既重,但是处事若有差失惩办也极严厉。洪武十五年(1382年),御史雷励误把良民判为徒罪。朱元璋责之称,身为御史执法不平,何以激浊扬清、伸理冤枉?下令治雷励之罪以示警诫。宣德年间监察御史谢瑶在荐举文牍上误书被荐者姓氏,明宣宗称荐贤不知其姓岂能知其才?轻率如此岂称御史之职?把谢瑶贬为交趾大蛮县(越南北部)知县。宣德十年(1435年),皇帝下旨给都察院,如监察御史推荐之人其后有犯赃及不称职者举者同罪。

二、六科给事中

给事中之职源起于秦,为加官。至明代设六科给事中,作为直属皇帝的独立监察机构。六科给事中作为独立监察机构有单独官署,都察院对六科给事中并无领导之权。都察院与六科给事中两个部门相互制约、相互监督,在更好发挥监察监督作用的同时也防止都察院与六科给事中坐大。

明初谏官组织属中书省。洪武十三年(1380年)废中书省,设置谏院。为加强对六部官员监察,洪武十五年(1382年),废谏院,设六科给事中,将给事中一职设于六部。六部每部各设一科,分别为吏、户、礼、兵、刑、工科,共六科。各科设都给事中一人,正七品;左、右给事中各一人,从七品;另设给事中四十人,从七品。各科均铸给事中印,年长者掌印,又称掌科。六科给事中在午门外办公,每夜一科值宿。

明代六科给事中位卑仅七品,但位卑权重。给事中监督范围扩大,掌侍从、规谏、补阙、拾遗、稽察六部百司之事,还有封驳之权。正因为位卑权重无所顾忌,不避权贵,敢言敢为,才可振肃吏治。明代六科给事中职权大大扩张,最重要的工作是对六部的业务进行监察。

六科给事中除了具有监督六部运行之权,更为重要的是掌握着中央文件下达前的封驳权、批文下达后检查执行情况的注销权以及对官员违法失职的弹劾权。在乡试中六科给事中可以担任考试官,在会试中担任同考官,在殿试中担任受卷官。

给事中论科,监察御史论道,因而给事中与监察御史并称科道。监察御史偏重监察,六科给事中以封驳章奏为主,偏重言事。六科给事中各科根据对应监察的各部业务而有相应势力范围。凡大事廷议,大臣廷推,大狱廷鞫,六科掌科给事中均能参与。

六科给事中重要的职权是有科参之权。凡内廷拟旨下六部,中间有不适当的,给事中可驳正缴还重拟,谓之科参。凡六部官员向皇帝上奏的奏章均须经本科给事中审查。正是六科给事中具有科参之权,六部官员没有敢抗科参而自行其是者。明中后期有皇帝常年居宫中不出,而国家运转如常往往赖科参之力。

明朝有驾帖之制。锦衣卫等抓人以及对官员实施杖刑时,需要由刑科给事中签出驾帖才能实施。厂卫赍驾帖提人,必须由刑科给事中佥批。万历朝刑科给事中有缺不补,以至驾帖发出刑科无人佥批,锦衣卫也不敢率尔抓人。有时不得不由其他科给事中代理刑科给事中。

六科给事中品秩不过七品,各部文状由六部长官赴科画本,仅七品衔的都给事中与正二品的九卿并列,给事中虽品秩不高但位置重要。给事中制度既钳制六部权限,又防止都察院职权过重。给事中权重也有官员不满,六科给事中也有对行政过度干预以至越权的事情。

三、巡按御史

巡按御史是明代地方监察中最有特色,也是最具威慑力的制度安排。派监察御史巡按地方始于洪武十年(1377年),永乐初成为定制。巡按御史分派一般是北直隶二人、南直隶三人、宣大一人、辽东一人、甘肃一人、十三省各一人。

监察御史在外奉敕专事巡察,谓之巡按。监察区称道,各道由都察院分遣监察御史分别掌管各道的监察工作。各道设监察御史署,监察御史署名称一般只标明道名而不写都察院,以表明不完全为都察院所控制,所谓有统无属。

十三道监察御史以河南道为首。某道御史不一定出巡某道,也不一定专管某道监察。出巡的监察御史也称巡按,巡按即代天子巡视四方,代天巡狩,大事奏裁,小事立断。主要察纠百司官邪、审录罪囚、军民利弊等,几乎无所不管、无所不察。巡按不过正七品,但权力极重,以卑临尊,以小制大,极有效地钳制了地方官员。

巡按御史权重,朝廷对其寄予厚望,因而对巡按御史要求极为严格,以确保其正常发挥作用。出台的有关法规包括《宪纲》《巡历事例》《出巡相见礼仪》《回道考察》等,相关法规对出巡期限、携带随从、接待礼仪以及处事程序、监察对象、禁止事项等,都加以分类明确规定。

委派监察御史赴地方巡按,称为点差。凡差御史分巡等事,由都察院提出御史两名作为备选,由皇帝钦点一名确定最终人选,都察院也有一定的建议权。巡按回京之日不须经由都察院,径赴御前复奏。御史出巡实行差官定期更代制度,规定巡按一年一换或三年一代,以防监察御史长期巡按某地专擅一方。

巡按出巡分为大差、中差、小差三等,划分严格。分配任务时参照其资历分配差事,一般是先委任小差、中差,经过历练后,再委以大差。巡按一般是南方人巡按南方,北方人巡按北方,主要是考虑到风土人情以及语言等方面因素,由当地人巡察地方更容易发挥作用。

监察御史巡按可以带吏书一名,照刷文卷许带人吏二名,不许别带其他人员。御史出巡陆路给驿马、水路应付站船,经过之处当地视情况确保巡按御史的人身安全。不允许另带其他人员。

按出巡地区路途的远近,规定出差的期限。巡按御史必须按期完成任务,不许枉道回家迁延误事。如有违限,根据具体期限分别予以处罚。巡按御史巡按所至与地方长官地位平等,地方长官要出廊远迎,谒见时行跪拜大礼。巡按所到之处,不得向地方官员问及当地有何特产,不得宴请亲朋好友。

巡按的主要工作,一是审录罪囚,二是照刷文卷,三是稽察庶政,此外还包括举荐称职或政绩突出的地方官员、惩治不法地方官员等。巡按完成任务返回都察院,称为回道。巡按回道后要向都察院汇报巡按经过,造册上报都察院接受考核。如通过考核允许回道管事,若有贪赃枉法等事不许回道并奏请罢黜。

最初规定监察御史出巡监察考核的范围是省级以下所有官员,明英宗期间规定布政使司、提刑按察使司也受巡按举劾,自此巡按御史权势更重。自弘治六年(1493年)后,地方官员的前程基本操纵在巡按御史手中,巡按御史逐步取代按察司的监察职能。明代后期巡按御史权势过重、行事太过,地方官事皆禀命于巡按,甚至巡按御史按临之地百事俱废。

四、地方监察制度

朱元璋称吴王期间即置按察司,设按察使。洪武九年(1376年)划分天下为十三省,每省设提刑按察使司,职掌司法与监察。提刑按察使司设按察使一人,正三品。按察使又俗称臬台或臬司。洪武二十九年(1396年),置四十一道按察分司。

洪武十三年(1380年),为加强地方监察,设行人司,后当都察院成立后,行人司逐步剥离监察职能。

按察使司拥有监察权且权力重要,主要执掌一省刑名按劾之事,也称外台。按察使司与都察院并重,按察使司不是外官而属于中央官员系统。提刑按察使司拥有完整的监察权,没有向都察院汇报并请求裁定的义务。

按察使行使监察权,一是依靠副使、佥事分道巡察,二是依靠四十一道各分司定点监临。按察使权重,对骄兵悍将可置之于法,行路时知府也须避道。

按察使与巡按御史监察权平行,二者可相互纠举。二者监察任务相似,但巡按御史作为中央代表监察地方尤其是代天巡狩,其权限较按察使要高,而且明中期后按察使之权逐渐被巡按御史所侵。

地方上总督与巡抚具有监察权。以都察院官衔兼理地方行政、民政的,称巡抚。兼理行政、民政、军事且辖多任重的,称总督。明初总督与巡抚以监察为主,中后期逐步发展成为总领节制三司的地方大员。但是总督与巡抚仍属于都察院系统,并非省内行政长官。为强调总督与巡抚的监察官员身份,总督、巡抚加都御史或副都御史、佥都御史衔。

地方巡抚部分由地方官升任,另一部分由都察院派出。总督最初是因军事所设,统领几省事务尤其是军事事务。巡抚主要是在行使监察权的同时兼管行政,所辖范围最多不过一省。总督除兼管民政并兼管军事,所辖的地区往往超过一省。

总督、巡抚对亲王、勋臣、提督等都有监察之权。巡按制度与督抚制度都是以监察官名义巡视地方,因此同时同地可能既有巡抚也有巡按。总督地位高于巡抚,但总督对巡抚并无直接指挥之权。无事总督不得侵巡抚之权,有事巡抚不得抗总督之命。

五、监察官员

明代对监察官员要求严格。监察官员需要洁身自好、品行笃实、学问优长,需要慎选识量端弘、公明廉重、老成历练、贤良方正之人。朱元璋曾诏令慎选贤良方正之人担任监察官员,明成祖曾说御史当用清谨介直之士。

在选拔监察官员时,首先考察的是官员的道德修养和效忠精神,也就是"德"。御史权重,因而选授也极慎重。明成祖称,御史为朝廷耳目之寄,宜用有学识通达治体之人,用得其人则庶政清平群僚警肃,用非其人则百职怠弛、小人横恣。

明初选拔监察官员一般不受资格限制。永乐八年(1410年),规定御史必从进士及监生中有学识并通达治体者选任,吏员出身不得入选。宣德二年(1427年)规定,初仕者不得担任监察官员。弘治年间,规定举人出身的教官必须历任六年以上且才行出众才能出任科道官员。

监察官员要相貌端正、言词流畅,身、言、书、判皆备。具体选择监察官员时,吏部和都察院首先慎重确定候选人员名单,然后向九卿科道分送意见调查表。举荐遴选科道官员只有三品以上京官和都察院堂官(都御史、副都御史、佥都御史)、十三道监察御史才有资格举荐,举荐人对被举荐对象的政绩负有连带责任。

庶吉士可转任监察官员。进士中试后经过考试方能选为庶吉士,选中者在翰林院学习三年,优者留任翰林院编修、检讨,次者出外任给事中与御史。

由推官和知县考选是选拔监察官员的重要途径,由外官选任为御史称为行取。明朝中叶后重进士而轻举人推官和知县行取中进士出身的占十分之九。

六科给事中选任力求才干,而不以资历为主。六科给事中一般由进士出身三十岁以上者选任,也可由行人、博士、学官及推官、知县改任。

监察官员实施回避制度,回避原则主要以官职大小确定,以下避上。对监察御史有明确年龄要求,年龄要在三十岁至五十岁之间。过于年轻者缺乏办事经验,年龄过大则没有朝气。

监察官员比其他官员有更多提拔的机会。明代有官由科道升者"每苦太速"之说。以七品监察御史和给事中外迁时往往为正四品知府和按察副使。外放为正四品知府不视为提拔,任四品及五品官员为常规,优秀的可升任正三品六部侍郎或正三品按察使。正是由于监察官员秩卑位尊权重厚赏的激励机制，大部分优秀人才希望能进入监察系统。

为防止监察官员徇私舞弊与玩忽职守，对其处罚也远较其他官员严厉。规定御史知善不举、见恶不拿，杖一百，发烟瘴地安置。监察官员不许于各衙门嘱托公事，犯罪者加三等论罪，有赃者从重论处。要求监察官员对文武百官的纠举弹劾必须持有实据，不能捕风捉影，更不能随意诽谤，违者治罪。

监察官员虽然在澄清吏治、促进廉洁方面发挥着重要作用，但是明中晚期监察官员过于纠结小事，而且逐步有朋党之势。尤其是明末诸官员各立门户结党，监察官员不问是非，动辄撼拾细故白简搏击，徒逞臆见，为弹劾而弹劾而且求全责备，被批评误人家国而不顾。

第三节　廉洁意蕴与廉洁人物

一、不妄取、不苟取、不敢取

薛瑄不畏强权，人称"铁汉公"。著有《从政录》，对廉的标准予以明确规定，提出不妄取、不苟取、不敢取三重境界。

薛瑄指出，为官者有"七要"，即"正以处心，廉以律己，忠以事君，恭以事长，信以接物，宽以待下，敬以处事"。其中廉以律己位居第二位。薛瑄认为，世上廉洁立身者有三种类型：第一种是见理明而不妄取，无所为而然，这是最高的境界；第二种是崇尚名节而不苟取，可称为狷介之士，是稍次的境界；第三种是敬畏法律为保禄位而不敢取，是勉强而为，是又稍次一种的境界。廉洁并不代表没有欲望，而是将其控制在事理、名节和法律的框架之内，正所谓苟非吾所有一毫而莫取。

虽然上述三种境界不同，但薛瑄均将其认为是廉洁。虽然不取的原因有所不同，但是不取的实际效果相同。而由于不取的原因不同，因此不妄取、不苟取与不敢取又分别属于高低不同境界。不妄取自然最好，但如果达不到见理明而不妄取,因为崇尚名节而不苟取或者敬畏法律为保禄位而不敢取,也可视为廉洁。

对一般人而言,如果能做到不妄取自属理想,但是如果达不到,那么由于崇尚名节或敬畏法律而不取,也属正常。为达到不妄取境界,自然要通过加强自身修养严于律己,努力从不敢取再达到不苟取,进而不妄取。对大多数人而言就算因敬畏法律保全禄位而不敢取,虽然与不妄取的境界不可高下而语但也属于廉洁,较那种贪赃枉法、肆无忌惮、缺乏敬畏者自然不可同日而语。可悲的是,更多的情况是有的人视法律与名节于不顾,对于这类人唯有法律予以严厉制裁。

薛瑄自身清廉自持,不谋私利。被任命为广东道监察御史并监理湖广银场时,好友纷纷祝贺,薛瑄却以岑参的诗句"此乡多宝玉,慎莫厌清贫"作答,以表明自己不谋私利的决心,薛瑄正是以自己的实际行动实践了不妄取的理念。

二、留清白于人间

于谦有诗"粉骨碎身浑不怕,要留清白在人间"。其言行及事迹充分证明了其要留清白于人间的初心。

于谦深受儒家学说和家庭教育的影响,父母从小教育于谦"不妄与一事,不妄取一钱"。于谦初入仕途任职地方期间,入京办事从不携带礼品和特产。当有人劝告于谦应准备礼品进京时,他即写诗"绢帕麻菇与线香,本资民用反为殃。清风两袖朝天去,免得闾阎话短长"。诗言志,于谦另有诗"但愿苍生俱饱暖,不辞辛苦出山林""修短荣枯天赋予,一官随分乐清贫",以及"大节还须咬菜根"等句,突出显现了于谦清廉自矢的凛凛风骨。

于谦务实为民,兴修水利,打击权贵,严惩贪官,赈济灾民,平反冤狱。宣德元年(1426年),于谦随明宣宗征平汉王朱高煦叛乱时当众斥骂朱高煦。后于谦巡按江西时昭雪多名囚犯,明英宗时擢提于谦为兵部右侍郎,巡抚河南、山西。

土木堡之变明英宗被俘。于谦受命于危难之际,挽狂澜于既倒,在生死关头成功解救明王朝的危机。但明英宗复位后,却杀于谦。于谦被抄家,结果家无全财。唯正室之锁打开后发现里面是皇上所赐蟒衣和宝剑。抄家者大有惋惜之意,称于谦"日夜分国忧,不问家产,即彼去,令朝廷何处更得此人"。

于谦葬于西湖。时人将其与岳飞相提并论,岳飞也葬于西湖,而且二人均官至太子少保。明王阳明有题西湖于谦墓联:"赤手挽银河,公有大名垂宇宙;青山埋忠骨,我从何处哭英雄。"清杨鹤也有联:"千古痛钱塘,并楚国孤臣,白马江边,怒卷千堆雪浪;两朝冤少保,同岳家父子,夕阳亭里,心伤两地风波。"清袁枚有诗:"赖有岳于双少保,人间才觉重西湖。"

明英宗之子明宪宗即位后为于谦平反昭雪,恢复原官,建旌功祠。朝廷诰示称于谦:"当国家之多难,保社稷以无虞,惟公道之独恃,为权奸所并嫉。在先帝已知其枉,而朕心实怜其忠。"

三、敢饮贪泉之水

景泰年间,丘濬乘舟路过石门。石门有贪泉,船夫郑重告诫丘濬千万不要饮贪泉之水。但是丘濬对贪泉之水不可饮并不相信,但是因"济水可以坠痰,菊泉可以延寿",还是担心饮贪泉可能真的会变贪而成终身之累,所以丘濬还是放弃了以身试泉的冲动。但是当晚睡梦之中,石门之神来找丘濬为贪泉申冤,认为"名乃加于非其实者何居?必欲名实相符"。希望以文翰著称的丘濬作文以洗贪泉之名。

丘濬闻石门之神所言感慨万分。丘濬认为,泉本身不能使人贪,而不法官员的贪婪是人心陷溺所然,与泉本身无关,当地多名贵特产,贪特产而将罪名归于泉实属不该。而且当地位置遥远,在当时交通不便的情况下,官员纵然作奸犯科也很难上闻,同时百姓秉性柔弱无形中也纵容官员贪腐。身处此种境况中的官员很难不同流合污。因而,贪泉本身非贪,反倒成了那些官员贪腐的借口或者说是挡箭牌。

经分析,丘濬最终认为,贪的本质并非泉,而"贪与廉在乎人心,不在于水也"。关键是内心贪欲、监督缺失、百姓忍让、政治生态等多种因素导致贪腐横行。所以贪腐的本质在于内外因交错,而关键更多的是内心贪欲。在控制内心贪欲以及外部监督健全的情况下,自然敢饮贪泉之水,纵饮再多贪泉之水也不至于贪腐。

四、杨继盛疏弹严嵩

嘉靖三十二年(1553年),杨继盛时任兵部武选司员外郎,向明世宗上《弹严嵩疏》,揭露严嵩的十罪、五奸,请求皇帝对严嵩重则置以专权重罪以正国法,轻则谕以致仕归家以全国体。杨继盛遭诬陷下狱。

嘉靖三十四年(1555年),杨继盛遇害,年四十。临刑前杨继盛从容赋诗:"浩气还太虚,丹心照万古。生前未了事,留与后人补。"

有论指出,称严嵩是明朝第一罪臣亦不为过,但养奸纯出于明世宗姑息,正可谓世有亡国之君才有亡国之臣。

隆庆元年(1567年),即杨继盛死后十二年,明穆宗朱载坖继位,抚恤直谏诸臣,以杨继盛为首。追赠太常少卿,谥号"忠愍",予以祭葬,并任命他一子为官。

杨继盛有《言志诗》:"读律看书四十年,乌纱头上有青天。男儿欲画凌烟阁,第一功名不爱钱。"杨继盛虽非监察官员,但其舍生取义弹劾权奸并舍身成义,其精神成为其后至清末监察精神的代表。其故居在北京有松筠庵。

杨继盛好友沈炼有诗《哭杨椒山》即为纪念杨继盛作,诗中称其"气作山河今即古,光齐日月死犹生"。沈炼亦为严嵩所害,冯梦龙所著《喻世明言》有《沈小霞相会出师表》即据沈炼故事所成。冯梦龙亦有诗《官清不爱钱》,"吏肃惟遵法,官清不爱钱"。

杨继盛与汉代朱云类似。杨继盛从未担任过监察官员,却以弹劾权相严嵩而名垂青史,其故居松筠庵成为清代监察官员的精神寄托。朱云与杨继盛并非监察官员却成为监察精神的代表,这可能也是历史无意开的玩笑,实践中也激励着诸多官员以朱云和杨继盛为榜样,不惜身家性命进谏君上弹劾权奸。

随着封建专制进一步强化以及科举制度和监察制度的持续健全发展,同时随着廉洁思想以及廉洁意蕴的发展,明代廉洁文化发展到一个新的高度。

第九章　清代廉洁文化

清代作为封建社会最后一个王朝,在前期科举及监察制度基础上科举制度与监察制度发展至顶峰,同时廉洁思想进一步发展,廉洁人物也层出不穷,古代廉洁文化发展到一个新的阶段。

第一节　廉　洁　思　想

一、清诸帝廉洁思想

(一)顺治帝廉洁思想

顺治帝鉴于明亡国教训,极为重视官员廉洁,把官员廉洁放在关系国家安危的层面予以强调,指出安民之本首在惩贪,并采取了极为严厉的肃贪措施。顺治帝严格督促、严惩贪官,凡有奏劾贪官的立即予以批处。顺治八年(1651年)至顺治十七年(1660年)亲自批处官员贪污案件共四十四件,其中不乏督抚一级官员。

顺治帝指出:"多欲者必放于利,放于利必重贿。贿聚于公则国敝,聚于私则家危。"所以顺治帝严惩贪腐。顺治十二年(1655年),顺治帝规定嗣后大小官员凡受赃至十两以上者,依律治罪并一律籍没家产入官。后又规定,贪赃满十两者免其籍没,但责打四十板,并流放西北地方。顺治帝通过不断加大对贪污犯罪官员的处罚,强力打击贪腐,努力确保政治清明廉洁。

针对有关官员反映处理贪赃过重的问题,顺治十七年(1660年),顺治帝强调惩贪目的并不在于其上缴赃银,而在于使贪官不贪,这样才能使民得丰裕、国赋亦充。虽然明知严令会使贪官必会怨念,但不行严令则贪风无可止息,所以必须要重典治贪,进而强调仍要执行严惩贪官之令。顺治帝对治贪的细节也极为重视,对于用人、财政、赋税等贪腐重灾区予以明确规定加强治理,要求属员不得借节礼生辰等名目馈送上司。

顺治帝亲政之后严厉打击贪腐官吏,包括江宁巡抚土国宝等人纷纷被刑之以法。顺治八年(1651年),江宁巡抚土国宝受贿数万两,顺治帝下谕革职严讯,土国宝畏罪自杀。顺治九年(1652年),原漕运总督吴惟华贪赃银一万余两,下谕逮捕鞫问,因吴惟华投诚较早且有战功免其一死。顺治十六年(1659年),江宁按察使卢慎言贪赃被凌迟处死。顺治十六年(1659年),原山东巡抚耿焞贪婪被判斩立决,但未行刑而病故,顺治帝下令将其家产籍没入官。为此顺治帝特地下令,一切贪官污吏被判死刑应立决的迅予立决,应监候秋后处决的也要如期正法,决不得以各种借口缓决以使贪官逃脱惩罚。

(二)康熙帝廉洁思想

康熙帝早期极为强调惩治贪官,持续加大惩治贪腐力度,而且以身作则奉行节俭。康熙帝称衣服适体即可,日常饮食也较为平常,而且强调这样并非勉强为之而是天性使然。极力强调节俭,称"若夫为官者俭,则可以养廉。居官居乡,只缘不俭,宅舍欲美,妻妾欲奉,仆隶欲多,交游欲广,不贪何以给之?与其寡廉,孰若寡欲。语曰:'俭以成廉,侈以成贪。'此乃理之必然"。

康熙帝希望通过自己的廉洁发挥表率作用,以教育子弟及大臣清廉自持厉行节俭。在厉行节俭的同时对奢靡之风予以严厉打击。康熙十一年(1672年),下谕要求崇尚节俭禁止奢侈。对于奢侈无度贪污受贿的官员严厉打击,对于清官则予以奖励和提拔,包括提拔"天下廉吏第一"的于成龙以及张伯行等人。康熙帝曾称:"国家用人,当以德器为本,才艺为末。凡才长者,虽能济事,亦为败俭。若德器淳朴,必不至荡轶准绳之外。"所以康熙帝对廉吏不吝提拔封赏。康熙帝鼓励官员保持廉洁,称:"尔等为官,以清廉为第一,为清官甚乐，不但一时百姓感仰，即离任之后，百姓追叫，建祠尸祝，岂非盛事。"

为强化官员廉洁教育，康熙帝亲笔书写"清慎勤"三字，令立匾于地方政府衙署大堂。康熙帝特别强调官员要实心任事、洁己爱民，指出要大法小廉。"吏不廉，则民生不安，大臣不法，则小臣不廉。"所以要特别强调官员廉洁，尤其是级别较高的官员要廉洁，要以身作则，这样小臣也自然廉洁。康熙帝指出，"朝廷致治，惟在端本澄源。臣子服官，首宜奉公杜弊。大臣为小臣之表率，京官乃外吏之观型，大法小廉，源清则流洁，此从来不易之理"。

康熙帝极为强调监察官员在促进廉洁中的作用。康熙三十九年（1700年），康熙帝御制台省箴并亲自书写，赐都察院勒碑于厅事之西。台省箴中对监察官员提出明确要求，强调监察官员要公正无偏、表里方直，作为风霜之任要力惩奸慝，发挥搏击之威以儆贪墨等。对于监察御史康熙帝同样寄予厚望，特制御史箴以激励御史充分发挥作用。御史箴称御史为柱，下一星列曜太紫，作为耳目之任下饬官方上参国是，其职清要自克自正，尽心竭力自当驰声简册而流美无穷。

清初允许风闻言事，但此后对风闻言事予以控制。康熙朝初进一步限制风闻言事，但为发挥监察机构作用，又逐步放宽对风闻言事限制。康熙十八年（1679年），应给事中姚缔虞之请，逐步放宽风闻言事之禁。

康熙帝晚年在多种因素影响下，对贪官日趋宽容。康熙帝曾称："所谓廉吏者，亦非一文不取之谓。若纤毫无所资给，则居官日用及家人胥役，何以为生？如州县官只取一分火耗，此外不取，便称好官。其实系贪黩无忌者，自当参处。若一概从苛纠摘，则属吏不胜参矣。"康熙帝又认为，"为官之人凡所用之物，若皆取诸其家，其何以济？故朕于大臣官员，每多包容之处，不察察于细故也。人做秀才时，负笈徒步，及登仕版，从者数人，乘马肩舆而行，岂得一一问其所从来耶"。正是因为如此，康熙朝晚期对贪官过于纵容导致贪腐之风大炽，这也使得雍正帝即位之初不得不大力惩贪。

（三）雍正帝廉洁思想

雍正帝即位后严惩康熙朝晚期纵容贪官导致吏治废弛之过，以铁腕之势严厉打击贪腐，通过多种措施严惩腐败澄清吏治。雍正帝特别强调，察吏之道莫先于奖廉惩贪,贪污之风不息,则上亏国课下剥民膏,对于吏治人心危害甚大。而贪污官员恃有宽大之恩而心无畏惧,把侵盗贪墨视为当然,亏空婪赃不可胜数。如果不加惩治宽容贪官污吏拥厚资以养子孙,天下官员都以纳贿贪赃为计,则流弊难以根治。因而雍正帝通过一系列手段强力反腐。继位前草拟登极恩诏时,雍正帝删除原有的豁免官员亏空一项,认为该项助长贪官侥幸心理决不可行。

雍正元年(1723年)正月初一日起,即连续颁发训谕,对官员提出明确要求。告诫总督要竭忠尽职,告诫巡抚要恪尽职守,告诫布政使要益矢公忠,告诫按察使要执法公正,告诫知府要廉洁自持,告诫知县要爱民为先等。

为清查钱粮亏空,雍正元年(1723年)初成立会考府追治贪污,会考府主要职责为稽核奏销钱粮,杜绝部费陋规,所有钱粮事宜都由会考府清厘出入之数。会考府成效显著,查出户部亏空库银二百五十万两,雍正帝命户部历任官员赔偿一百五十万两,另一百万两由户部逐年弥补。纵然是亲王亏空也不宽贷,有亲王为弥补亏空将家中物品在大街上变卖筹款,也有亲王因赔银不足被抄家抵赔。

雍正帝对地方官员亏空加大打击力度,一改以往革职留任的做法,改为革职且查抄家产勒限弥补亏空。决不让贪官家人享受贪污之福,严格厉行连坐之制,对于胆敢帮贪官隐藏家产的亲戚也一并抄家追究责任。对畏罪自杀的贪官,仍然下令由其亲属赔偿。雍正三年(1725年)裁撤会考府后,仍严厉打击亏空官员。除严厉打击已有贪官外,对新的贪官更加严惩不贷。

雍正帝特别强调官员操守是为官之本,在山西巡抚石麟密折上御批:"操守乃为官之本,本立诸道自生。上天之善恶惟在公私二字,为国即为公,为己即为私,一涉私为自身利害计,便善事亦不能仰邀上天神明之鉴佑,何况其非善乎!"

雍正帝在大力惩贪的同时力倡节俭,称"国家欲安黎庶,莫先于厚风俗;厚风俗,莫要于崇节俭"。告诫臣民"若暴殄天物,则必上干天怒"。严厉打击惩治奢靡铺张浪费行为,发布《更定服色婚丧仪制诏令》,严禁婚嫁殡葬铺张浪费,对纳彩成婚的规模予以限定,要求不得大聚亲朋、不得演戏等。

为促进官员廉洁,雍正帝实施养廉银制度。清初实施低俸制,俸禄过低导致征收火耗。所谓火耗即零碎银两熔铸为银锭时的损耗,征收火耗实为变相中饱地方官员私囊。顺治、康熙年间虽屡屡下令严禁火耗,但屡禁不止。雍正帝根据山西巡抚诺岷建议,推行火耗归公及养廉银制度。雍正帝自称,养廉银制度"上不误国,下不累民,无偏多偏少之弊,无苛索横征之忧,实通权达变之善策"。养廉银制度大大增加官员俸禄,对防止官员贪污发挥了积极作用。

通过雍正帝不懈努力,虽然在位仅十三年,但对于打击贪腐行为、形成廉洁节俭的社会风尚发挥了积极作用,对于乾隆帝即位后经济快速发展奠定了基础。

(四)嘉庆帝廉洁思想

乾隆中后期世风日变,当时廉洁观念与此前有明显不同。对于京官而言,所谓廉洁即有所择而受之,即选择"不伤廉"者接受,并非对馈赠一概不收。而对于外官,由于陋规优厚,此外不妄取即属操守廉洁。在此背景下社会奢靡之风日盛,嘉庆帝亲政后即大力倡行节俭,黜斥奢靡。

嘉庆帝强调节俭,努力惩治奢靡之风。嘉庆帝指出:"躬行节俭,为天下先,惟在休养生息,以期百姓康阜,元气日复,渐臻上理。"嘉庆帝自奉俭约,对自己严格要求,也要求臣下不得进贡。曾下谕称,对所贡之物视之如粪土,所有如意等物一概不许进呈。后又下谕,永远停止中秋节贡。嘉庆帝之所以严禁进贡,是认为臣下所送宝物绝非自己出资,而必出自州县,而州县必取之百姓,所以严禁进贡。对于胆敢违反规定的王公大臣予以严厉处罚。

嘉庆四年(1799年)中秋之时,福州将军庆霖照例进贡物品,嘉庆帝下旨严厉申斥,将庆霖革职,并强调珍宝玩品饥不可食、寒不可衣,为无用之物。嘉庆五年(1800年),肃亲王永锡进献玉器,结果被革去亲王职位,而且其二子职位一并革除,并当众王公之面将其礼物予以"掷还"。

嘉庆帝极为重视发挥监察机构的作用,嘉庆二十年(1815年),嘉庆帝御制都察院箴,对都察院寄予厚望。称明目达聪责在御史,御史的职责是彰善瘅邪整纲饬纪,监察官员要铁面霜威纠慝绳诡,敢谏不阿忠贞常矢,而且要言出如山、心清如水。

为发挥监察官员作用,嘉庆帝又制谏臣诫。称人君治政临民,未能尽美尽善,是以特设科道。劝诫言官们要效学朱云、魏徵之劲节,立志公正不畏权要,见坏法乱纪之事要直进弹章。要洗心涤虑,长存以言事君之诚,尽摒取巧谋利之伪。做天子之耳目,为朝廷之腹心。

(五)道光帝廉洁思想

道光帝极为提倡节俭,其节俭为历代帝王之最。道光帝认为地方官员贪污严重的重要原因是"自奉奢侈,应酬繁杂,衙署内豢养冗人,恣行靡费,以致挪用通融,动致亏缺"。所以告诫官员要控制贪欲。道光帝登极之初撰写《御制声色货利谕》,强调戒声色货利,称"常人惑之害及一身,人君惑之害及天下",因而"是以修身务存俭约之心,以期永久图存之道,可不加慎而切记之乎"。

道光帝屡屡提倡节俭。他提出"节以制度不伤财、不害民",认为用度既侈浮靡必多,百姓必受剥削,所以无论君主还是官员都要务必"慎修俭德,时防奢侈,量入为出,屏除繁缛,时懔卑宫菲食之戒,常殷己饥己溺之怀",只有这样"则治理日见其上矣"。

道光帝强调,要崇俭去奢慎修思永,饮食不尚珍异,冠裳不求华美"此犹俭德之小者",而更要确立"不作无益害有益,不贵异物贱用物,一丝一粟,皆出于民脂民膏"的观点。

道光帝一再强调州县官作为亲民之官,如果各尽其职则天下自治,所以膺该职者要精白乃心勤求民事。道光二十一年(1841年)四月,道光帝在贡士朝考的策试题中明确指出,"夫为守令者,其首重曰廉,其次曰才",强调德重于才,把德置于首位。

道光帝不但强调节俭,而且亲力亲为,特别强调"不得习尚浮华,以副朕本务实之意"。平时降低膳食标准,衣服破了缝补后再穿,减少后宫用度,下令地方停止进贡,停止南巡北幸,而且取消一些繁文缛节的礼仪等。

《清史稿》称道光帝"恭俭之德,宽仁之量,守成之令辟也"。野史也称道光帝"最守礼法""尤崇节俭"。在道光帝引导下,臣下也较为节俭。有野史称,道光朝权臣若谓之误事则有之,谓其贪渎则未必,其居室、车马、衣服等不及同光间权要之半。

二、黄宗羲廉洁思想

黄宗羲作为明末清初思想家,特别强调廉洁。首先主张广泛访选取廉能之吏以兴利除弊造福百姓。官场环境优劣对官员价值取向有着极大影响,如果官吏皆贪则即使偶然有廉洁官员也不可能坚持太久,会出现"劣币驱逐良币"的现象。如果有清官,清官则会受同僚嘲笑和上司排挤,一定要把清官挤走或使之同流合污才行,所以清官在贪污的政治生态中难以生存。这也指出了贪官层出不穷而清官难以生存的重要原因。

其次,黄宗羲认为廉比能更为重要。"能者,才也。廉者,德也。"虽然有能力的官员不在少数,而能做到廉洁自守的实在不多。而既有能力且廉洁自守的官员,更是少之又少。黄宗羲认为,以德胜才者可称为君子,才胜于德者极可能成为小人。古代建德立功,以智、仁、勇三者为用,如果为人欲所蔽,利令智昏,则仁心渐亡,而勇气亦挫。所以要培育官员廉洁之风,对于廉洁官员要予以保护。

此外,黄宗羲认为不受限的权力必然导致腐败,因而要限制权力以实现清明政治。黄宗羲强调政治权力本为天下公器,并非一家一姓所可私有,强调必须限制君权,提倡以相权限制君权。臣下的任务在于与君主共治天下,做官应该是为天下和为万民,而非为君和为一姓,因而要通过限制权力防止腐败进而推进政治清明和社会廉洁。

第二节　科　举　制　度

一、童试

童试也就是童生试,俗称考秀才。应试者为未曾入学尚未取得功名的读书人,无论年龄大小统称为童生。有个对联称,"人生七十还称童,可云寿考;到老五经犹未熟,不愧书生"。该对联对年纪较大而仍应童生试的考生不无挖苦之意,《儒林外史》范进即为年纪较大的童生之一。年龄未满二十岁者称为幼童,又称为未冠人,考试题目相对较易。

童试分为县试、府试、院试三级。

县试由县署礼房受理本县童生报名事宜,对童生进行资格审查,准备试卷。童生应试需要具备五项条件,即身家清白、本籍报考、无匿丧之举、无枪替之弊和廪生保结。试卷卷面上书写府州县、生员姓名以及所习某经情况。

童生入场时点名领卷,按卷面所印座号入场就座。试卷另附空白草稿纸数页。交卷时正、草稿要全,且文字必须相符。交卷后试卷密封。考试一般分五场,第一场为正场,最为重要。县试考官为本县知县。正场交卷后,知县凭文录取。县试的录取结果只为送府试,一般录取较宽。第一名称县案首,院试时一般录取入学。

县试结束一月或二月后即考府试。府试需将所属各州县录取之童生会齐一日考试。府试的命题、阅卷,均需知府亲定。府试每场亦以一日为准,必须当日交卷,不准给烛照明。府试录取后,将录取名单造册申报学政。

院试由各省学政主持。院试仍以府为单位,学政亲临各府。院试录取者即为生员。参加院试的童生需是经县试、府试考选录送之人,需要进行资格审查。考试日五鼓点名入场,申刻净场。除正场外一般覆试一场。院试阅卷以学政亲自批阅为主,院试录取随阅随录,录取名额依学额而定。学额一般大府二十名,大州县十五名,小县或四五名。

考取后称生员或秀才,属于终身资格。院试第一名为院案首。县试、府府和院试三试都第一名的,称为小三元。新生入学,例有簪花礼、谒圣、拜老师等仪式。"秀才为宰相之根苗",中秀才后可应乡试、会试、殿试,一般正途出身者大都由秀才起步。

二、乡试

乡试因分省举行所以称乡试。"科举必由学校",应试者是经考选录送的生员和贡监生等人员。取中者为举人,有资格参加会试,也有任官资格。由举人入仕者即为正途出身。

按规定，子、午、卯、酉年秋八月举行乡试，为正科。清初有加科，后有恩科。恩科包括万寿恩科和登极恩科。首次恩科为康熙五十二年（1713年）康熙帝六十大寿时举办，以后每逢皇帝登基以及皇帝大寿等时均开恩科。清代共开112科，其中正科84科，加科2科，恩科26科。

各省乡试考官一正一副，由进士出身的京官担任，乡试前由皇帝钦点。雍正三年（1725年）起实施考差制，即有资格担任考官的官员通过考试后再由皇帝钦点。考题钦命《四书》题一道、《五经》题一道、诗一道。

乡试在各省省城贡院举行。清代共十七座贡院，其中顺天、江南、河南、广东为四大贡院。贡院多坐落于城东或东南方向，建筑群坐北朝南，东、西、南、北四角各有一座瞭望楼。匾额书"贡院"二字，写有"明经取士""为国求贤"的两坊立于东西两侧。

乡试共考三场。士子入场，先一日点入，次一日放出。初九日为第一场，为三日二夜，初八进场，初十出场。十二日为第二场，十一日入场，十三日出场。十五日为第三场，十四日入场，十六日出场。

乡试之制，第一场试书文三篇，第二场经文四篇，第三场试策五道。后于第二场经文之外，一体试以五言八韵排律一首。答题内容不得离经叛道，不允许超出指定范围。

卷首书姓名、籍贯、年貌、出身、三代及所习本经。试卷题字错落以有不避讳等情况，以违式论。乡会试每篇文章均以七百字为率，违者不得录取。

评阅试卷的标准是清真雅正，即要用简洁、典雅、畅达的语言来阐述士子所领悟到的圣贤之学。考官主要从理、法、辞、气四点着手批阅文卷，即重点考查考生对儒家经典的掌握，对八股文行文方法的运用，文字组织能力和表达能力以及蕴含在文章中的思想深度。

不同人员用笔颜色不同。乡试内帘主考官用墨笔，房官用蓝笔，内监试用紫笔，内收掌官及书吏均用蓝笔。外帘官员用紫笔。誊录手用朱笔。对读用赭黄笔。对读提交文件，用紫笔。禁止携带黑墨进入考场。

录取原则首先是凭文取士务得真才。对于营私舞弊的考官予以处罚，严重者判处死刑。录取数额必须严格按照规定数额执行，不得任意增减。房考官对取中的文章予以推荐,副主考认可荐卷批"取",正主考官认可录取则写"中"。

举人为科第出身的第一级,又称乙榜。第一名称解元。新科举人有旗匾银及冠服之赏,举办庆祝宴会即鹿鸣宴等形式。

落第考生可以领回自己的考卷,如果觉得阅卷不公可以向礼部申诉。

三、会试

会试定于辰、戌、丑、未年三月举行。会试是指士子会集京师进行考试,旨在选拔进士,故名会试。会试由礼部主持,又称礼闱。

举人应试,由本籍地方官府或吏部等衙门发给咨文。各省举人无论新科还是旧科符合条件之人,均准一体参加会试。举人会试前要覆试以防假冒,覆试合格者均准会试。有官员子弟赐举人可一体会试。教职、小京官如内阁中书和六部司官等、知县、候补候选人员等也可参加会试。

会试在京师贡院举行。会试考三场,初九日为第一场,十二日为第二场,十五日为第三场,每场皆先一日点入,次一日放出。第一场如犯有重大错误后两场即不准入场。

会试官员分为考官和场官,分别管理阅卷录取及考务管理工作。会试主考官称总裁,一般一正三副。会试同考官初无定额,雍正元年(1723年)确定会试用十八同考官即十八房成为定制。会试同考官需要进士出身。

清初会试录取不分省。因教育发展程度不同,有的会试年份有的省没有一人取中而出现所谓"脱科之省"。自康熙五十二年(1713年)起按省确定中额,分省取士成为定制。按省确定中额是在保证公平取士择优录取的原则下,兼顾各省利益。

会试比例划分为南中北,以百名中南方取五十五名,北方取三十五名,中部取十名比例录取。每科大概取三百余名,少者百名左右。雍正庚戌科四百零六名最多,乾隆已酉科九十六名最少。

会试中式者称贡士。第一名称会元。会试放榜时杏花正开,因而称杏榜。相较于举人乙榜,又称甲榜。举人与进士合称两榜出身。

贡士需要参加覆试,通过覆试者才能参加殿试。覆试规定严格,犯错者可能被罚停参加殿试一至三科不等。

四、殿试

清初殿试时间为三月,乾隆年间将四月二十一日作为殿试日期成为定制。殿试地点几经变化,乾隆年间确定在保和殿内举行。因事请假不参加殿试称告殿,下一二科补殿试称补殿。清初补殿者屡有得状元者,后规定补殿者不得进入前十名。

殿试只考一天,当日完卷,禁止给烛。殿试只问策问一道。殿试用时务策,旨在甄拔实学之才。策题较长,有多至五六百字,所问分列四项,末句为"朕将亲览焉"。策题内容均与时政有关,其意在培养经世致用之才,对于选拔官员极为有益,殿试策问是对考试八股文的有效补救。

贡士对策,须在首页写明三代履历。对策起用"臣对臣闻"字样。不写题目,不许点句,禁止添注涂改。低二字写,空上二字留为抬写之用,有单抬、双抬、三抬之分,三抬出一格书写。逐条回答策题之问时,用"伏读制策有曰"及"制策又以"等字。策末用"臣末学新进,罔识忌讳,干冒宸严,不胜战栗陨越之至,臣谨对"字样。贡士对策不限字数,最短者以一千字为率,字数不足者以不入式论,不能完卷者列于三甲末。

殿试设读卷官。殿试为皇帝临轩策士,读卷官只是协助皇帝阅卷而已。读卷官多选一二品大员充任,主要职责是试前密拟策题,进呈恭候钦定。试毕负责阅卷并排列名次,前十名卷进呈以候钦定名次。最初读卷官无定员,乾隆二十五年(1760年)确定读卷官派用八员成为定制,并设监试王大臣。

殿试例不黜落,只是划分名次。按等次分别按圈、尖、点、直、叉,即"○""△""、""丨""×"。对同一试卷不能给出差别过大的名次,即"圈不见直,尖不见叉"。圈最多者为优。

殿试进呈十卷,不必预拆弥封,候皇帝阅定后再按名传齐带领引见。列入前十名传呼不到致误引见者予以参奏,且降置三甲末。

一甲三名,赐进士及第。二甲若干名,赐进士出身。三甲若干名,赐同进士出身。二、三甲人数不定,一般二甲人数少于三甲。

殿试第一名为状元。连中解元、会元和状元，为连中三元，也称大三元。清代连中三元者仅二人。一为乾隆四十六年(1781)辛丑科状元钱棨，一为嘉庆二十五年(1820)庚辰科状元陈继昌。

状元授翰林院修撰，此为状元专职，亦称殿撰。榜眼、探花分别授翰林院编修。二甲第一名称传胪。

一榜指考中举人者，二榜指考中举人后再取中进士者，所以也称进士为两榜出身。每科进士照甲第名次建碑于太学，为进士题名碑。

朝考为殿试后由皇帝亲自命题对新科进士再次进行的考试，是专为选拔翰林院庶吉士而设。庶吉士俗称点翰林，入翰林院称馆选。因进入翰林院机会难得而且前途远大，又称玉堂华选。每名新进士都有考试应选庶吉士的机会，并慎重选拔以杜请托，同时进一步提高庶吉士的地位，加重馆选的分量。

馆选选拔人员由皇帝亲定，而且兼顾边远省份。具体选用之法综合评定会试后覆试、殿试和朝考三次考试等第高下确定，三试高列者可选为庶吉士。考列最高一等四数即殿试二甲和覆试朝考皆一等者必馆选外，其他根据人数及省份确定。

中选者入翰林院学习三年，称庶吉士。庶吉士经三年学习，考试后分别授职称散馆。优者留翰林为编修、检讨，其中二甲出身者授编修，三甲出身者授检讨。未能留馆者以主事或以知县用，以主事用者掣签分发六部，知县分省即用。

庶吉士出用知县为最不理想的结果，一般会引为恨事。袁枚散馆后出任知县大为沮丧，离京时有诗"顷刻人天隔两尘，难从宦海问前因"。

第三节　监察制度

一、中央监察制度

（一）都察院

清监察制度基本承明制。都察院为清代中央监察机构。崇德元年(1636

年)设立都察院,设承政一人,左右参政各二人。顺治元年(1644年)改承政为左都御史,参政为左副都御史。左都御史满汉各一人,左副都御史满、汉各二人。初设左佥都御史一人,乾隆十三年(1748年)裁撤。右都御史一般为总督兼衔,右副都御史一般为巡抚、河道总督、漕运总督兼衔,均不设专员。经演变,雍正八年(1730年)确定左都御史满汉皆为从一品,左副都御史为正三品。

都察院主要职掌为察核官常、参维朝纲,参预九卿议奏,重大案件与刑部、大理寺公同审断,稽察各级衙门,检查注销文书案卷,监察乡试、会试、殿试,对祭祀、朝会等执法弹纠失仪者等。

都察院所属监察机构有六科、十五道、宗室御史处、稽察内务府御史处、五城察院等。内部办事机构有九房、一库、经历厅、都事厅、值月处、督催所等机构。

顺治九年(1652年)规定,都察院衙门官不论品级补服均用獬豸。雍正六年(1728年)规定,都察院衙门除左都御史、副都御史、监察御史用獬豸补服外,其都事、经历、笔贴式等官补服各照本身品级不得用獬豸。地方上按察使、道员补服亦用獬豸。

光绪三十二年(1906年)改革官制。都察院改设都御史一人、副都御史二人,不再实施满汉复职。给事中不再分科,统称都察院给事中,由原满汉共二十四人减为二十人,其中二人为掌印给事中升为正四品,其他给事中正五品品级不变。十五道监察御史改为二十道,由原来满汉共五十六人减为四十四人,品级不变。撤销宗室御史处、稽察内务府御史处及五城察院。增设都察院研究所,给事中、御史各员必须分日到研究所参阅研究。

(二)六科给事中

清定都北京后设置六科给事中,初为独立监察机构。各科设满汉掌印给事中各一员,满汉给事中各一员,均为正五品。

六科职掌言职,最初有封驳之权。雍正朝设立军机处后,六科参驳职能丧失殆尽,此后六科主要职责转向监察,与监察御史职能几无太大区别。

给事中论科,监察御史论道,合称科道。雍正元年(1723年),将六科给事中并入都察院,称科道合一,六科给事中不再是独立监察机构。科道合一后虽然六科给事中职权被削弱,但却大大增加了都察院的权力。

六科给事中并入都察院结束了言谏系统,不但导致监察制度的重大变革,同时引起六科给事中的强烈反弹,虽然有六科给事中上疏反对撤并六科给事中,但反对无果。

清初以降,六部权力大大缩小,六科封驳权力难以行使。雍正帝积极推进改革,将六科给事中并入都察院以有效限制给事中的进言之权,减少改革阻力。清入关后六科封驳之职基本形同虚设,给事中与监察御史经常同时负责某项职能,二者职能趋同也决定了二者有可能合并。雍正朝监察御史职能不断加重,将六科给事中并入都察院可有效加强监察力量,更好发挥监察机构作用。在康熙末诸子争位过程中有六科给事中参与其中,明末给事中在党争中扮演了极不光彩的角色,雍正帝将六科给事中并入都察院可有效加强对六科控制以消除党争。

六科给事中并入都察院后,科道官员以及其他高级官员仍有谏诤之权。清帝亦屡屡下诏求言。乾隆帝曾称,皇帝一身岂能保无阙失,正赖廷臣直言匡正而以勤不逮。乾隆四十三年(1778年),设谏木于大清门前。谏木即在大清门阶上立木架如灯座式,令进谏者置书其上,亦即古谤木求言之遗意。

(三)监察御史

清将全国各地区划分为十五个监察区,由各道监察御史分道巡察。十五道监察御史职掌为稽察在京各衙门政事,分核各省刑命,包括纠弹百官、言谏进事、监察地方、京内刷卷、监督考试等。

十五道初有掌道、协道之分,只有河南等六道授予印信称为六掌道,其他为协道。乾隆十三年(1748年),各道均授予印信,并明确规定各道监察御史人数,十五道监察御史满汉监察御史各二十八人。监察御史品秩有所变动,乾隆十七年(1752年)确定为从五品。最初河南道掌理都察院事务,乾隆二十年(1755年)将京畿道列于河南道之前并互换所掌,此后京畿道成为要职。

清初实施巡按制度。顺治元年(1644年),清进入北京后即仿照明朝设立巡按制度,起用原明巡按御史和旧臣实施巡按,巡按御史对清迅速巩固统治发挥了不可替代的重大作用,号称半壁为之肃清。出于多种原因,巡按制度经历了曲折的发展进程,顺治年间巡按四设四废,顺治十八年(1661年)顺治帝去世后即废除巡按制度。

康熙初废除巡按御史制度后,改由督抚巡历所辖地方。康熙四年(1665年)下令停止督抚巡历事宜,巡按御史撤销后保留的督抚巡视至此也停止。此后虽屡有申请恢复巡按之举,但均未恢复。雍正帝感于地方监察薄弱,派出御史巡察重要地方,但与巡按制度有所不同,派出御史称巡察御史而非巡按御史,但不久即撤销巡察御史。虽然此后乾隆及道光年间均有人提出恢复巡按制度,但均未果。

(四)其他机构

设立五城察院和巡城御史,下设兵马司。五城察院主要职责是稽察京师的地方治安。

为加强对皇族的监督,设置宗室御史处。宗室御史处负责监察宗人府,又称稽察宗人府衙门。主要负责稽察宗人府的钱粮册籍等。

为加强对内务府监督,设置稽察内务府御史处,又称稽察内务府御史衙门,主要职掌稽察内务府事务。

二、地方监察制度

清代地方监察主要以地方官员监察为主,缺乏来自中央政府派出的监察官员,导致地方监察萎缩。

地方主要实施监察的官员为总督、巡抚、按察使和各道。总督与巡抚作为地方军政长官的同时负有地方监察之职,均兼都察院右衔。总督加授兵部尚书衔者,兼都察院右都御史衔。不加兵部尚书衔者,加兵部右侍郎兼都察院右副都御史衔。巡抚兼任的都察院职衔根据其担任巡抚前的职务不同而不同,一般兼右副都御史衔。

总督品秩为正二品,加右都御史衔者为从一品。巡抚品秩为从二品,加右副都御史者为正二品。总督与巡抚具有监察权,对所辖地区察举官吏、会谳狱讼等。督抚权重,对地方官员掌有黜陟大权。中央监察官员一般不敢轻易弹劾督抚,以防日后有可能出任外官时在弹劾过的督抚手下任职而被报复。

提刑按察使司是省的负责监察诸官的监察机关。设按察使一人，正三品。按察使称臬司或臬台，职掌一省刑名校勘之事，职掌振风纪澄吏治。其他职责包括出任乡试监试官，担任考核官吏时的考核官等。

清代在省与府（州）之间设道，或因地而设或以事务而设。各道承担监察职能，职司风宪，考察官吏。道分守道和巡道，守道偏重于财政经济，巡道偏重于司法监察。道之长官为道员，道员又称监司，为正四品。道员地位重要，时人称"司道者百吏之纲维天子简而授之，非知府、副将以下可由督抚奏补"。

三、监察官员

清代对选拔监察官员极为重视，对其出身及原任职务均有严格要求，并要求监察官员必须忠君爱国、才品优长、德才兼备、勤敏练达，遇政治阙失直陈无隐，以及勇于纠劾违法乱纪官员等。

清初至雍正初考选监察官员包括给事中和监察御史。雍正五年（1727年）规定给事中仅由监察御史引见补授，此后考选监察官员仅指考选监察御史。

在对监察官员品质难以有效量化及考核的基础上，限制其出身及原任职务就极为重要。出身正途可保证其基本学识，对职务强调可确保一定的任职资历。正是对出身与职务的强调，乾隆朝确定监察御史选拔范围时，明确限定翰林院编修、检讨以及部院郎中、员外郎及内阁侍读，而把外官以及主事、中行评博等小京官排除在外。

从出身而言，进士出身的监察御史占据大多数，而以进士和举人出身的监察御史占了绝大部分。从原职务而言，虽然不同时期存在差异，但自乾隆朝以来监察御史大部分来自翰林院编修和六部郎中，翰林院检讨与部院员外郎虽然也有，但远少于编修和郎中。

自乾隆朝翰林院开始，编修与检讨成为选拔监察御史的重要来源，乾隆朝也有较多的编修与检讨被选拔为监察御史。编修为正七品，检讨为从七品，对于编修与检讨而言选拔成为从五品的监察御史，是其良好的出路。

读书人中进士后点庶吉士，散馆后留馆任编修或检讨，再选拔为监察御史,此后外放为道府,再上升为按察使、布政使,进一步任督抚,为清代读书人的理想上升路径,陶澍、林则徐等均是如此。编修总量较多且有二甲优势,选拔为监察御史的编修也远多于检讨。

由六部郎中选拔为监察御史的人数远远超过员外郎,这主要是由于无论从职务与资历等,郎中较员外郎更有优势。正五品郎中热衷于考选从五品监察御史有着多方面原因,虽然郎中选拔为监察御史品级下降,但考选为监察御史后却有更良好的发展前景。

监察御史升转较为快速,流动性较强。郎中员额远超过监察御史,升转空间较监察御史更为有限。正因为如此,正五品郎中才有足够的动力考选监察御史,乾隆一朝由郎中考选为监察御史的人数超过由翰林院编修考选监察御史的人数。员外郎虽然也是考选监察御史的重要来源,但其数量远少于郎中甚至少于翰林院检讨。

左都御史与左副都御史一般由监察系统外官员转任或升任。左都御史与左副都御史级别相差较大,无由左副都御史直升左都御史之例。左都御史一般由六部侍郎、巡抚等升任或六部尚书转任。给事中和监察御史与副都御史品级相差较大,几乎无监察御史和给事中升左副都御史之例。

监察官员需要回避。父兄现任三品京堂及外省督抚子弟不准考选监察官员,而且现任监察官员中如有父兄升补三品京堂及外省督抚者亦要回避,改补各部郎中。监察御史要回避本省。

监察御史如有贪赃犯法之事则追究保送官员责任。嘉庆十四年(1809年),给事中英纶巡视东漕因罪被处绞刑。下令将从前滥行保送英纶的兵部满汉堂官,一并查明交部议处。

清代极为重视监察官员的选拔,通过限定考选资格、严格考选程序等一系列措施,确保将忠君敢谏、勤敏练达、才品优长、刚正不阿的人员选拔进入监察队伍,正是通过对监察官员的严格选拔才确保了监察制度发挥相应作用,因而清代监察制度也较好发挥了应有功能。

在严格考选的基础上,清代还构建了一系列健全完善的激励约束机制,以促进监察官员认真履职。正是在健全完善选拔制度的基础上,确保将优秀人才选拔进入监察官员队伍,使监察机构有效发挥整纲饬纪、绳愆纠谬的应有作用。

清代监察御史升迁快速,有一定数量的监察御史升迁至从二品及以上高级官员,如此良好的发展前景是吸引具备资格的官员考选监察御史的重要原因。为畅通监察御史升迁通道,清初即构建了较为健全的升迁制度,此后历朝不断予以发展完善。清代自顺治朝至同治朝有近百分之十五的监察御史升迁至从二品及以上高级官员,而且其中不乏升至从一品和正一品官员者。

快速升迁是有效激励机制的重要内容,较短的升迁时间以及良好的升迁前景较其他荣誉奖励等更能激励监察御史认真履职。清代在吸收借鉴以前历代监察官员升迁机制的基础上,进一步健全完善监察官员的升迁规定,从历俸年限、履职表现、升迁职位等方面做出明确规定。给事中和监察御史内升一般升为太常寺少卿等四品京堂,外转为道员和知府。正五品给事中外转为正四品道员,从五品监察御史外转为从四品知府,均为越级提拔。对于有特殊贡献的监察官员,更是不吝破格提拔。

监察御史历俸满一定年限且工作优秀即能顺利升迁,既可促使监察御史认真履职,同时使监察队伍保持正常流动,始终保持新鲜血液。监察御史有良好的升迁前景并不意味着循资排辈到一定年限即可升迁,而是在满足历俸年限的前提下,综合考察其履职情况及京察结果,再确定能否提拔。

监察御史升迁有三种路径:一是一直担任京官;二是由监察官员任上外放担任地方官;三是在监察官员任上交替升迁,担任京官与外官。监察御史升任至从二品及以上官员一般需要较长的时间,短则近十年,长则十余年或二十余年。一般而言,由监察官员任上外放升迁至从二品时间较短,而一直任京官或交替任京官和外官则需要较长的时间。

监察官员外放至地方升任至从二品官员,较一直在中央任职或交替在中央与地方任职更为快速。监察官员外放至地方任职升迁至从二品官员时间一般较短,其主要原因是升迁台阶较少。一般监察御史升至给事中后再外放,也有个别监察御史直接外放。给事中外放任道员,道员进一步升迁为按察使,按察使再升迁即是从二品布政使。道员至布政使中间仅按察使一级,所以外放后升迁至从二品官员相对较快。

与监察官员外放升迁较快不同,一直在中央任职的官员升迁至从二品需要时间较长。由从五品监察御史升至从二品内阁学士,一般要在四五个职级上循资而进,不像地方官员升迁台阶较少。而且中央官员升迁较为缓慢,经历二十年或更多时间由监察御史升至从二品属于正常。大部分监察御史为按部就班升迁,但也有个别监察御史破格提拔,如王茂荫。

王茂荫于咸丰元年(1851年)由户部员外郎考选为陕西道监察御史,咸丰二年(1852年)升任太常寺卿,咸丰三年(1853年)升任户部右侍郎兼管钱法堂。王茂荫参与解决币制问题表现出不俗能力,为推进币制改革,咸丰帝对其破格提拔。但王茂荫任户部右侍郎后屡次上疏反对币制改革,咸丰四年(1854年)由户部右侍郎调任兵部右侍郎。王茂荫反对币制改革的奏疏被马克思看到,马克思将王茂荫思想写入《资本论》脚注,王茂荫也成为《资本论》唯一提及的中国人。

王茂荫廉洁自律,生性恬淡,粗布粝食处之晏如。数十年宦海生涯中,家中未增一瓦一陇。告诫子孙如他日有入谏垣者,"亦不必以利害之见存于心",能尽此心自邀天鉴。王茂荫去世后,清廷赞其"志虑忠纯,忠爱出于至性"。大学士祁寯藻挽联赞其"谏草逾万言,每读焚余心事,光明照青史;交情获三益,最伤别后手书,感恻念苍生"。两江总督曾国藩挽联赞其"七旬耆宿,九列名卿,谁知屋漏操修,尚同寒士;四海直声,卅年俭德,足令朝廷悲悼,何况吾曹"。

清代官员能考选为监察御史极为不易,可谓优中选优,而担任监察御史后认真履职即有良好的升迁前景,自可激励监察御史充分发挥作用。与有效的激励机制相对应,严格的约束机制也是促进监察官员认真履职的重要内容。监察御史不认真履职者,轻则原折掷回、申饬,重则革职、发回原衙门或发往军台效力,更重则处死等。清代正是构建了以升迁机制为主要内容的激励机制与严格的约束机制,才从正、反两方面促进监察御史切实发挥作用。

四、《钦定台规》

《钦定台规》为古代监察制度中最完整的一部监察法规,收集清代历朝皇帝颁布的监察法规编纂成册,并令都察院遵行。《钦定台规》前后四次修订,分别为乾隆版、嘉庆版、道光版和光绪版。光绪版于光绪十六年(1890年)修订完成,光绪十八年(1892年)印行,共四十二卷。

《钦定台规》光绪版刊载了皇太极天聪十年(1636年)至光绪十六年间历朝有关监察的政令文书,为清代《钦定台规》最完备之版本。全书分为训典、宪纲、六科、各道、五城、稽察、巡察、通例八部分,每部分又分若干目。各类目内容按时间顺序编排。

训典共八卷,是清代皇帝对监察机构各种综合性指示的汇总。宪纲共六卷,是关于监察机关的设置与综合性规章。六科共两卷,是关于吏、户、礼、兵、刑、工六科给事中职掌及其要求的条文。各道共两卷,是关于各道监察御史职掌及其办事制度。五城共十卷,对五城察院的职责予以明确规定。稽察共七卷,对如何派员稽察以及具体要求做了明确规定。巡察共三卷,对巡察御史的职能做出了要求。通例共四卷,是关于都察院科道等官员选拔标准、方法、升转制度及其办事要求等内容。

《钦定台规》修订后,不再续修《都察院则例》。乾隆三十九年(1774年),有御史请示重修《都察院则例》,乾隆帝回复称殊可不必。称都察院日常工作都是奉行成规恪守旧章,不像六部比拟例案必须互证兼资,因而拒绝续修《都察院则例》。

《钦定台规》对于监察机关的性质、地位、建制、职能、任务、监察程序等,均做出了明确的规定,使清代的监察体制以法律的形式固定下来,保证了监察活动有法可依。特别强调皇帝对监察具有最后决定权,监察官员考选、差遣、内升、外转俱由皇帝裁定,使都察院完全在皇帝控制之下。

第四节　廉洁人物与廉洁意蕴

一、陆陇其

陆陇其,浙江平湖人,为唐贤相陆贽后裔。少年家贫,勤奋攻读,好学慎思,为官清廉,躬行实践,精研程朱理学,注重教化育人。康熙九年(1670年)中进士,但一直到康熙十四年(1675年)始任嘉定知县。陆陇其到嘉定上任时,一叶扁舟,没有佣人,唯有图书数捆和铺盖行李而已。

嘉定赋税重而且风俗较为奢侈。陆陇其至嘉定后发布告示,称钱粮为国课而非县官私蓄,要求尽快完成上缴钱粮,这样县官亦有工夫为百姓做事。又称自己与百姓并无怨仇,何苦为追收钱粮而对百姓行杖责。告示发出后百姓大为感动,凡有所命无不踊跃完成。

陆陇其守约持俭,努力以德化民,从不滥用官员权威。百姓打官司他不派衙役直接去抓人,以免衙役勒索。如果是宗族相争则让百姓找族长,乡里相争则找当地长者,或者叫原被两告自己相约至县衙。

陆陇其听讼主重感化。有兄弟争讼不休,陆陇其对他们说,兄弟不睦为伦常大变,兄弟争讼实为县官教训无方。于是陆陇其自跪烈日之中,两兄弟大为感动,从此和好。时人评论陆陇其者诚圣人所谓"道之以德,齐之以礼,有耻且格"。

陆陇其极其注重教化,经常召集县中举人、秀才,在孔庙明伦堂切磋学问,研讨理学。提倡节俭,红白之事凡是过于奢侈的一律禁止。

嘉定百姓因生计困难犯罪案件较多,狱中关满了犯人。陆陇其知道大多数罪犯因生活所迫而触犯刑律,只要启迪其良知便可能化害为利。于是亲笔撰写《劝囚文》:"一念之差,不安生理,遂做出此等事来,受尽苦楚。然人心无定,只将这心改正,痛悔向日的不是,如今若得出头,重新做个好人,依旧可以成家立业。"一时狱中犯人痛哭,出狱后大多成为守法良民。

嘉定的百姓很是感激陆陇其,他们打听到陆陇其的生日后自动凑钱购置香烛酒食,结队至衙门为陆陇其祝寿。生日之时,夫人调侃陆陇其因贫而不能备寿筵,陆陇其却说你且出堂去看较寿筵何如。但见堂上下香烛如林,斯民敬之若神明。

陆陇其清廉自矢,不花费百姓一文钱。在嘉定知县任上因得罪江宁巡抚慕天颜而去职。慕天颜过寿时其他官员进献唯恐不丰,而陆陇其仅送上夫人所制的白布和鞋子。去官之日,依然扁舟一叶,图书数捆,织机一张。百姓倾城而出哭声震天。嘉定俞鹤湖题诗"有官贫过无官日,去任荣于到任时"。

陆陇其任灵寿知县七年,行取四川道监察御史,去官之日民遮道号泣,一如去嘉定之时。任监察御史后,尽职尽力,弹劾不避权贵。后告假还乡。

康熙三十一年(1692年)十月,陆陇其殁,年六十三岁。相传殁后为嘉定县城隍。嘉定县民数百人,至平湖接陆陇其上任。陆夫人谓嘉定县人称,公在县时不肯费民一钱,今远道来迎恐非公意耳。

康熙三十三年(1694年)冬,会推江南学政,康熙帝特旨江南著陆陇其去。有人奏称陆陇其已身故。康熙帝问何不启奏?对称,七品官在籍身故无启奏例。康熙帝嗟叹良久,称本朝如这样人不可多得了。

因陆陇其已殁,改用邵嗣尧为江南学政。邵嗣尧与陆陇其同以清廉著称。邵嗣尧任县令时家属来探望,邵嗣尧赋诗拒绝不令进城。其句云"囊空犹是当年我,未许妻儿索俸钱"。任江南学政后,邵嗣尧对其子宸征称,此官乃陆陇其先生遗我只是代任而矣。捐出俸禄,取陆陇其著作镂板行世。

雍正二年(1724年),雍正帝下令,陆陇其从祀文庙。乾隆元年(1736年),陆陇其追谥清献,后人称其为陆清献公。礼部以会典未载五品官予谥立碑给价之例,乾隆帝下旨,"陆陇其着加赠内阁学士兼礼部侍郎,照例给予碑价"。

清初醇儒首推陆陇其与汤斌。汤斌官至巡抚与尚书,陆陇其仅为知县与监察御史,就事业成就而言,陆陇其远难企及汤斌,但二人道德文章殊途同归,公认一代醇儒众无异辞。

清代从祀文庙的仅有汤斌、陆陇其和张伯行三人。

汤斌为官清廉,常以豆腐为食,人称"豆腐汤""煮不出官味"。任江宁巡抚时,安贫乐道,甚至不得不在衙署空地种菜以度日。任礼部尚书时只穿一袭羊裘过冬,宫中卫士远处看到穿羊裘者,即知汤尚书上朝了。汤斌尽心辅导太子,但因事被谗,调工部尚书,不久病逝。雍正朝入贤良祀,乾隆初谥文正,道光朝入礼文庙。

张伯行不取民一钱,康熙帝称其为"天下第一清官",称张伯行"居官极为清廉,最不易得"。张伯行曾在拒贿时写道:"一丝一粒,我之名节;一厘一毫,民之脂膏。宽一分,民受赐不止一分;取一文,我为人不值一文。谁云交际之常,廉耻实伤;倘非不义之财,此物何来?"张柏行另有《禁止馈送檄》,"一黍一铢,尽民脂膏。宽一分,民即受一分之赐;要一文,身即受一文之污。虽曰交际之常,于礼不废。试思仪文之具,此物何来? 本都院既冰蘗盟心,各司道亦激扬同志。务期苞苴永杜,庶几风化日隆"。

《清史稿》称,清世以名臣从祀文庙者汤斌、陆陇其、张伯行三人而已。陆陇其官止御史而廉能清正,民爱之如父母。君明而臣良,汉唐以后,盖亦罕矣。

二、于成龙

于成龙祖居永宁州,当地交通闭塞,土地贫瘠,物产不丰,形成"民多质鲁,勤于农业"的社会风貌,也造就了永宁人质朴、敦厚、勤俭、上进的精神风尚。于氏族人耕读传家,自强不息,形成《于氏族规家训》:"居家切要勤俭,不可奢靡;待人务宜谦光,不可骄傲。"于成龙对"耕读孝行修身"的家风家教更是笃行不怠,其子孙后代也多以"仁存正德、乐善公益、博施济众"闻名乡里。

于成龙从知县起步,三次被举"卓异",清廉操守老而弥坚,最终任两江总督,一生深受当政者器重和百姓爱戴。康熙十年(1671年),黄州大旱,任黄州府同知的于成龙提出"勿使一民饿死",开官仓赈济灾民。把自己仅有的一匹骡子卖了十两纹银,加上俸银,买米救济灾民,炒制谷糠熬煮糠粥广而推之,并带头食用与灾民共度饥荒。

康熙十九年(1680年),于成龙任直隶巡抚。康熙二十年(1681年),于成龙入觐,康熙帝奖励于成龙为"清官第一",并对其称"为政当知大体,小聪小察不足尚。人贵始终一节,尔其免旃!"鼓励于成龙要始终清廉自持。

康熙二十一年(1682年),于成龙任两江总督后,面对江南吏治腐败与奢靡之风,勤政为民廉洁从政,制定并颁布《示亲民官自省六戒》,强调"勤抚恤、慎刑法、绝贿赂、杜私派、严征收、崇节俭"。其中写道:"夫受人钱而不与干事,则鬼神呵责,必为犬马报人;受人财而替人枉法,则法律森严,定当妻孥连累。清夜省此,不禁汗流。是不可不戒。"于成龙以身作则,"日食粗粝一盂,粥糜一匙,侑以青菜,终处不知肉味"。百姓称他为"于青菜"。在其以身作则下,江南奢靡风气明显好转。

康熙二十三年（1684年），于成龙病逝于南京督署中。寝室床头唯有绨袍一袭，靴带二条，堂后粗米数斛，盐豉数器。老百姓得知于成龙去世后，"士民男女无少长，皆巷哭罢市"。康熙帝称："居官如成龙，能有几耶？"又称："朕博采舆评，咸称于成龙实天下廉吏第一。"亲自为于成龙撰写碑文，题写"高行清粹"匾额，赐谥号"清端"。康熙帝要求大臣"洗心涤虑，痛除旧习，或子弟官守在外，宜各贻书训勉。果有洁己爱民如于成龙者，朕立行擢用"。

于成龙去世第二年，康熙帝在于成龙家乡赐葬，并再次亲撰碑文。康熙帝在为于成龙写的碑文中称："朕读周官六计廉吏，曰'廉善、廉能、廉敬、廉正、廉法、廉辨'，吏道厥唯廉重哉。朕用是观臣僚，有真能廉者，则委以重寄，赐以殊恩，所以示人臣之标准也。"即把于成龙塑造成官员楷模让其他官员学习。雍正朝时于成龙入祀贤良祠。乾隆帝为于成龙御笔题写"清风是式"牌匾。于成龙殁后多年江南百姓仍在家绘像祭祀。

三、钱沣

钱沣是清代著名监察御史。钱沣升任御史后不久，即因甘肃冒赈案弹劾陕西巡抚毕沅。甘肃冒赈案为乾隆朝后期大案之一，处死官员之多首屈一指，甘肃官场几为之一空。钱沣称，毕沅久任陕西巡抚，陕西既邻甘肃，又曾两次署理陕甘总督之职，对甘肃之案竟然置若罔闻，因而弹劾毕沅。乾隆帝认可钱沣所奏，但称甘肃之事举朝皆知而不举所以不能怪毕沅一人，但仍对毕沅予以惩处。毕沅从宽降为三品顶戴，仍留陕西巡抚之任，所有应得职俸及养廉银永行停支，以示惩儆。

甘肃冒赈案前后历时七年之久，因涉及人员过多，不得不将判死罪量刑标准一再提高，最后只有侵冒银在二万两以上者斩决。该案被处死的官员高达五十六人，其中总督、巡抚、布政使各一人，道员、知府共五人，其他官员不等。其余各犯免死发遣革职查抄家产等，共有四十六人。

山东库银案是乾隆后期的另一大要案，也为钱沣所检举。乾隆四十七年（1782年），钱沣参奏山东巡抚国泰、山东布政使于易简等贪纵营私，州县仓库亏空。乾隆帝下令，特派尚书和珅、左都御史刘墉，并带同御史钱沣，驰赴山东省城严查办。经查办，国泰、于易简著加恩赐令自尽。

山东库银案后，针对御史秦清奏请严禁外省馈送以清亏空一折，乾隆帝下谕称秦清所奏全属空言，此风断不可长。并对唐太宗魏徵大加讥讽，称唐太宗因魏徵本非秦府旧僚意存笼络，而魏徵所上疏只是泛论事理亦借此沽名邀宠，实乃君臣间相率为伪。进而告诫言官，上疏必对整吏治民生、整饬纪纲确有实效，而不是徒以空言邀献纳之名。

钱沣后出任湖南学政，丁父母忧，十二年后重新任监察御史。乾隆五十九年（1794年），钱沣奉派为军机章京。钱沣未到差之前以御史身份上疏，弹劾和珅在军机有私寓而不与其他军机大臣共同办事。指责和珅恐有自作威福揽权之渐，请求皇帝拆毁和珅之寓，要求和珅遇事公办不得私自处判。乾隆帝予以认可，并命钱沣稽察军机处。不久，钱沣暴卒。有人称，系和珅故意加重钱沣负担，以使其身累而亡。

和珅盛时极少有监察御史弹劾和珅。嘉庆初监察御史谢振定巡城时烧和珅之车，人称烧车御史。事后和珅指使给事中王钟健弹劾谢振定，谢振定被免职。监察御史管世铭为谢振定抱不平。管世铭对王钟健说，今日二公各有所失，谢公失官，王公失名。失官之患，不过一身，失名之患，致传千古！谢振定之子后以河南裕州知州入觐时，嘉庆帝称此烧车御史之子也，特擢四川叙州知府。

钱沣为云南人，就钱沣弹劾山东库银案一事最初有滇剧《瘦马御史》，后改编为京剧，并拍有四集京剧电视连续剧。连续剧《瘦马御史》较历史真相有所改动，但基本还原钱沣弹劾查案之难。剧中人物没有刘墉，多了一位监察御史蒲霖。该剧稍有瑕疵，如将郎中职级说成四品而实为正五品，而且监察御史虽为从五品，但除非因故被退回原衙门无监察御史重任郎中之例。

钱沣工颜体，书法得米、董之意。善画瘦马，风鬃雾鬣，筋骨显露，望而知为严凝之气所特钟，时人称为瘦马御史。钱沣曾有题马诗："蹴踢边沙岁月深，骨毛消瘦雪霜侵。严城一夜西风疾，犹向苍茫倾壮心。"

四、张英家训

张英为清代康熙年间学者型官员，官至文华殿大学士兼礼部尚书，其子张廷玉官至保和殿大学士兼礼部尚书等职,被誉为"父子双宰相"。康熙帝称张英素性醇朴有古大臣之风,雍正帝也对张廷玉极其欣赏,许其从祠太庙。张英所著《聪训斋语》《恒产琐言》两部家训,训诫子孙持家立身读书治国之道。

首先,强调以俭为宝,廉洁为官。张英位极人臣,仍然奉行俭约,俭朴无奢,并教育子孙以俭为美,从小处节俭用度,强调只有控制欲望清廉为官方能永保英名。张英指出:"天子知俭,而天下足;一人知俭,则一家足。"特别强调,为人处事首先立品,其次是读书,再次是养身,第四是俭用。一再教育子孙要以俭制欲,清廉为官,取信于民,示用于上官,且示忠于君。指出人生福享自有定数,惜福之人福尝有余,而暴殄之人易至枯竭,所以老子以俭为宝。要求不止财用应该节俭,而且一切事都要常思俭约之义才有余地。张英特别强调,节俭吝啬之名并非坏事,可以坦然接受,虽然一般人以此为耻,但如果以此阻断别人不良企图,而偶尔大方一下会被称赞是美德,何乐而不为!

其次,从官须谨慎,知止谦退。张英强调人生第一件事莫如安分,告诉子孙在官场不可趋炎附势,不可与势利小人为伍,平时行事要低调谨慎,为人处世能忍则忍,忍小方可得大,而骄横跋扈者必不得善终。张英有个很有名的故事,即"六尺巷"。张家与邻居争宅基地,家人写信要求张英找当地官员干预。张英回信一诗:"千里家书只为墙,让他三尺又何妨?万里长城今犹在,不见当年秦始皇。"家人接书后主动让出地基三尺,而其邻居也后退三尺,形成六尺巷。

此外,张英强调子孙要认真读书。读书是修身养性、颐养人心,使人心胸开阔的第一要事,而且可取科名、继家声,而且读书后也坦然面对人生中的不如意之事。为读书强调不能读死书,要会读书,而且循序渐进,这样才能把书读深、读透并写出好文章。

在张英的教育下,张廷玉也谨慎为官,清勤自矢,戒满戒盈。张廷玉之子张若霭殿试时名列一甲第三名即探花,张廷玉上疏坚辞,称其子"不与寒士争明第"。在张廷玉坚持下,雍正帝将张若霭由一甲第三名降为二甲第一名即传胪,并特别恩命张若霭直接出任翰林院编修。按惯例,仅一甲第二名和一甲第三名才直接任命为翰林院编修,而无二甲第一名直接出任翰林院编修之例。

五、林则徐家书

林则徐二十六岁中进士,点庶吉士,任翰林院编修、监察御史,后任地方官升至两广总督等位,以虎门销烟闻名青史。其为官最为人称道的品格即清廉。曾手书对联:"海纳百川,有容乃大;壁立千仞,无欲则刚。"抗英有功却被革职时,留下"苟利国家生死以,岂因祸福避趋之"的著名诗句。

林则徐历官四十载,到头来仍两袖清风。任职地方时,发布诰令一再申明自身公正无私,必须严格遵守法律,不准徇私舞弊。平时决冤狱抑豪强,清名大著,被称为林青天。不仅自身为官清廉,而且严格要求下属,特别重视考察吏治考核下属极严。平时严格自我要求以为部属表率,而且实事求是,考核时撰写评语切中要害。

林则徐一贯提倡官员以"清廉为重",把贪官污吏骂为"利禄徒"。严厉打击贪腐,对犯法者决不手软。通过制定有关法令法规监督约束官吏,防止营私舞弊。强调"廉吏不可为而可为",为政清廉,无欲则刚,对自身严格要求,生活俭朴。通过言传身教,其三个儿子也保持了清廉的家风,为时所称道。

在家书中,林则徐自称虽任高位以耿介自矢,从不敢于额外妄取一文钱,决不敢于俸禄外妄取民间或下僚分毫,以上不负君恩,下不负祖训。林氏素代清白,决不要污手之钱。告诉家中得钱不易,家中可省而省。

六、曾国藩家书

曾国藩一生写下三百三十多封家书,为历代家书数目之最。家书中有其一生修身、处世、建功的总结,劝诫子弟要立志修身、勤俭持家,廉洁为官。曾国藩将传统儒家文化核心价值与个人经历相结合,构建了一套"内圣外王"的家训规范。

首先,认真读书。曾国藩指出,读书的目的无非两件事,一是进德,二是修业。通过进德,明确修身齐家治国平天下之道,以不负父母。通过修业,学习知识,参加科举,以自强自立。如果发奋自立则无处不可读书,无论是旷野之地热闹之场,还是负薪牧牛,皆可读书。

其次,重视勤俭。曾国藩特别强调,有福不可享尽,有势不可使尽。"勤"字第一是早起,第二是有恒;"俭"字第一莫着华丽衣服,第二莫多用仆婢雇工。在乱世只有勤俭为立世之法。在给长子曾纪泽的信中写道:"勤俭自持,习劳苦,可以处乐,可以处约,此君子也。"指出由俭入奢易,由奢返俭难,勤苦守约未有不兴,骄奢倦怠未有不败,因而要勤俭自持,习劳习苦,安于穷困。

再次,居官清廉。曾国藩强调居官以不要钱为本。知足戒盈,将"清、慎、勤"三字改为"廉、谦、劳"三字,这样以持盈保泰。强调以崇俭来抑制官员的巧取豪夺,强调处乱世尤以戒奢侈为要义。官员要崇俭朴以养廉,崇俭约以养廉,崇廉让以奉公。只有廉洁自律,才能上不负国家、下不负百姓。只要坚守一个廉字,就算做事偶尔有失公允也可获谅解。

除家书中的廉洁思想外,曾国藩更是身体力行崇尚清廉。曾国藩多次教育部下,"守个廉字,名位日增,岂有怕穷之理"。强调"衣服饮食,事事俭约;声色洋烟,一一禁绝;不献上司,不肥家产"。对于普遍存在的贪污问题,曾国藩强调礼法并重,强调"齐之以礼"在养廉和正德中的重要作用。即"舍礼无所谓道德""舍礼无所谓政事"。曾国藩的"礼治"有"以礼自治"和"以礼治人"两个方面。"以礼自治"即统治者要"谨守准绳",要"克己求仁",每个人都要洁身自好、廉洁自持,避免个人贪污腐败,这样即可减少贪污现象,促进社会廉洁政治清明。同时,曾国藩强调"仁政"的作用,指出统治者要常怀"不忍之心"减轻苛捐杂税,这样吏治就会清明,官吏就会廉洁。而且对于执法者如果徇私枉法必须予以严惩。

清代科举制度与监察制度发展至顶峰,随着廉洁思想与廉洁意蕴的发展以及涌现的廉洁人物,清代廉洁文化持续发展,与此前廉洁文化共同构成完整的古代廉洁文化。

结　　语

　　古代廉洁文化作为中华优秀传统文化的重要组成部分,在中华民族发展史上具有其独特的地位与作用。对廉洁的推崇、由此而产生的一系列制度安排以及涌现的廉洁思想、廉洁人物与廉洁意蕴,贯穿着中华民族的发展全过程。正是如此,古代廉洁文化在当前推进构建新时代廉洁文化建设的过程中有其重要作用,需要在全面深入总结梳理古代廉洁文化发展的基础上,提炼出具有基本规律性的特征,并鉴古知今,古为今用,在当前推进新时代廉洁文化建设中发挥重要作用。

　　首先,思想是行动的先导,正是通过不同时期廉洁思想的提出与传播,对于廉洁理念的推广与接受等不可或缺。从原始社会后期极为朴素的廉洁思想,到董仲舒独尊儒术以及有关帝王和思想家均提出有关廉洁思想。虽然这些廉洁思想并不完全相同,但其力图推进构建廉洁社会的目标相同,而且相关理念中也有若干共同的特点,比如特别强调加强自我修养,特别强调克己奉公,戒贪戒奢崇尚俭朴等并无二致。当然由于所处时代不同、认知能力不同,以及自身的身份地位不同,其廉洁思想的重点也有所不同,但其中所蕴含的共同的廉洁理念从根本上是一致的。总体而言,廉洁思想作为古代廉洁文化的重要组成部分,对推动古代廉洁文化的发展发挥着重要作用。挖掘历史文献、文化经典与文物古迹中的廉洁思想,不但对于推进新时代廉洁文化建设,而且对于推动中华优秀传统文化创造性转化与创新性发展也具有独特价值。

　　其次,促进廉洁的制度安排至关重要,只有在有制度保障的基础上才能有效约束官员保持廉洁。相关制度中最为重要的就是官员选拔制度与监察制度。官员选拔制度确保受到儒家学说教育、有足够学识以及有较高道德修养的人才选拔进入官僚体系，这对于促进官员廉洁发挥着基础性作用。官员选拔制度经过演变，从最早的察举制与九品中正制逐步发展到科举制。无论是察举制还是九品中正制均特别强调孝与廉。科举制实施后虽然在考试过程中并无具体考察孝与廉的内容，但是在资格审查时是否忠孝与廉洁或者说应试者名声如何仍然是考察的重要内容，通不过考察者则不具备考试资格，因而官员选拔制度在一定程度上发挥着考察忠孝与廉洁的作用。至于监察制度更是在确保官员廉洁、惩治不法官吏、促进社会廉洁方面发挥着不可或缺的重大作用。正是如此，在原始社会后期随着社会生产力的发展就出现了监察制度萌芽，而且随着古代社会的不断发展，监察制度也持续健全完善，古代监察制度作为古代廉洁文化的重要组成部分对推动古代廉洁文化发展同样至关重要。

再次，廉洁人物在廉洁文化中具有重要地位，在中华民族历史上不同时代涌现出为数众多的优秀廉洁人物。这些廉洁人物也是中华民族的脊梁，他们通过身体力行廉洁自矢克己奉公，不但自身对社会做出了积极贡献，而且也通过自身的廉洁行为为当世人所敬仰、为后世所尊崇。许多廉洁人物在作为廉洁表率的同时也有丰富的廉洁思想，对推动廉洁文化发展做出了重要贡献。

此外，廉洁意蕴在古代廉洁文化中具有重要地位。所谓廉洁意蕴是表征廉洁的有关物品，如莲花、有关家训与家书中传达的廉洁意象等，其内涵与外延极为丰富。正是在历史发展的进程中，比如类似莲花作为清廉的代表就是古代廉洁文化的重要特征。此外，有关家训中传达的廉洁理念对促进廉洁文化发展具有不可或缺的重大作用，这些家训无论是对其家族自身还是对社会推崇廉洁的影响均居功至伟。

正是在廉洁思想、廉洁制度、廉洁人物与廉洁意蕴共同组成的古代廉洁文化的基础上，形成了具有特色的中国古代廉洁文化，为推动中华民族持续发展以及促进社会廉洁等方面奠定了坚实的思想基础与制度基础。

通过考察古代廉洁文化的发展简要进程，对当前深入推进新时代廉洁文化建设以及一体推进不敢腐、不能腐、不想腐具有重要的启示。

首先,加强个人修养。确保自己做到不贪不污,通过个人廉洁为推进社会廉洁奠定坚实的基础。正如不贪为廉,不污为洁。不贪为廉极为重要,必须做到非吾之所有非一毫而莫取,这不但是廉洁的首要要求,也是不妄取或者说不想腐的关键所在。不污为洁,要洁身自好,决不同流合污。通过加强自身修养做到不贪不污,通过个人廉洁切实不想腐,是推动社会廉洁文化建设的重要途径与必要前提。

其次,强化制度建设。构建健全完善的制度是推进廉洁文化建设的重要内容。有待进一步健全完善教育制度,在教育制度中加强有关包括古代廉洁文化在内的新时代廉洁文化教育内容。对廉洁文化教育要从娃娃抓起,通过撰写新时代廉洁文化教材以及通过教材进中小学校等多种渠道予以大力宣传,使崇尚廉洁的理念深入人心,从小培养青少年以廉为荣、以贪为耻的廉洁理念。进一步健全完善纪检监察体制,深入推进党风廉政建设与反腐败斗争,一体推进不敢腐、不能腐、不想腐,通过不断强化新时代廉洁文化建设真正做到不想腐。

此外,加大宣传力度。在当前深入推进新时代廉洁文化建设的过程中,需要进一步加大新时代廉洁文化产品供给,针对不同层面人群及主体提供内容丰富、形式多样、言之有物的高质量新时代廉洁文化作品。创新完善多种宣传方式,利用现代新媒体技术以及传统书刊壁画等多种方式加强宣传。通过加大对当代廉洁思想、廉洁人物与廉洁意蕴的宣传,在全社会形成积极推进新时代廉洁文化建设的有效环境。

古代廉洁文化本身作为新时代廉洁文化建设的重要组成部分,在当前一体推进不敢腐、不能腐、不想腐的过程中具有重要作用。正如明代薛瑄所言"不妄取",切实深入研究古代廉洁文化发展进程,从中总结宝贵经验,对当前深入推进新时代廉洁文化建设真正做到不想腐实为必需之举。

主要参考文献

1. 《钦定台规》,海南出版社,2000年。
2. 昭梿:《啸亭杂录》,中华书局,2012年。
3. 人民日报评论部编:《习近平用典(第一辑)》,人民日报出版社,2015年。
4. 人民日报评论部编:《习近平用典(第二辑)》,人民日报出版社,2018年。
5. 关文发、于波主编:《中国监察制度研究》,中国社会科学出版社,1998年。
6. 周继中主编:《中国行政监察》,江西人民出版社,1989年。
7. 代继华等:《中国职官管理史稿》,法律出版社,1994年。
8. 殷啸虎:《古代衙门》,东方出版中心,2008年。
9. 高阳:《柏台故事》,华夏出版社,2004年。
10. 赵翼:《陔余丛考》,商务印书馆,1957年。
11. 龚延明主编:《中国历代职官别名辞典》,上海辞书出版社,2016年。
12. 张晋藩等:《中国政治制度史》,中国政法大学出版社,1987年。
13. 王超:《中国历代中央官制史》,上海人民出版社,2005年。
14. 孟森等:《清代野史》,中国人民大学出版社,2012年。
15. 李世愉等:《中国科举制度通史·清代卷》,上海人民出版社,2017年。
16. 楼劲等:《中国古代文官制度》,甘肃人民出版社,1992年。
17. 牛寨中:《山西清朝第一名臣孙嘉淦》,山西人民出版社,2010年。
18. 余华青主编:《中国古代廉政制度史》,西北大学出版社,1991年。
19. 贾玉英等:《中国古代监察制度发展史》,人民出版社,2004年。

20. 左连璧：《中国监察制度研究》，人民出版社，2004年。

21. 唐贤秋：《廉之恒道：中国传统廉政文化现代转换研究》，中国社会科学出版社，2014年。

22. 邵景均等：《图说中国廉政文化》，山东画报出版社，2013年。

23. 靳文泉主编：《中华传统廉政文化十三篇》，民主与建设出版社，2021年。

24. 刘建平：《子规犹啼——中国古代廉诗点评》，南京大学出版社，2011年。

25. 庄庸编著：《廉政家训》，中国方正出版社，2014年。

26. 王文升主编：《廉政文化论》，中国方正出版社，2009年。

27. 齐文远主编：《中国监察文化简史》，中国法制出版社，2019年。

28. 迟双明编著：《动真格：中国历代肃贪廉政得失》，北京理工大学出版社，2014年。

29. 张晓政：《察吏：中国古代吏治镜鉴》，党建读物出版社，2016年。

30. 郭钦：《中华廉洁文化史》，社会科学文献出版社，2019年。

31. 李洪峰：《中国古代的廉政文化》，故宫出版社，2014年。

32. 王同君等编著：《中国历代廉政思想教育读本》，中国方正出版社，2007年。

33. 麻承照：《廉政文化概论》，中国方正出版社，2011年。

34. 单卫华等：《中国廉政文化史》，山东画报出版社，2010年。

35. 林岩编著：《中国古代廉政文化集粹》，中国方正出版社，2014年。

36. 李小红等：《中国古代廉政思想简史》，中国方正出版社，2014年。

37. 张利生：《廉政文化建设要论》，中国方正出版社，2008年。

38. 王文升主编：《廉政文化论》，中国方正出版社，2009年。

39. 李洪峰：《廉政论》，中国方正出版社，2009年。

40. 任松峰：《廉》，华夏出版社，2020年。

41. 郑洁等主编：《廉政建设论》，社会科学文献出版社，2015年。

42. 肖杰：《中国传统廉政思想研究》，吉林大学出版社，2010年。

43. 王同君：《中国历代廉政思想》，中国方正出版社，2007年。

44. 魏琼：《中国传统清官文化研究》，法律出版社，2009年。

45. 杨昶：《廉：令德懿行系国脉》，广西人民出版社，1997年。

46. 王石主编：《中华廉政文化读本》，人民出版社，2007年。

47. 王国定主编：《廉政韵文碑刻》，中国方正出版社，2006年。

48. 周贻白：《中国戏曲发展史纲要》，上海古籍出版社，1979年。

49. 王利器：《颜氏家训集解》，中华书局，1993年。

50. 《沪上历代名人廉政故事》编委会编：《沪上历代名人廉政故事》，上海人民出版社，2020年。

51. 李圣华等主编：《中华家训简史》，中国方正出版社，2022年。

52. 崔利民：《中华传统文化中的廉洁智慧》，中国方正出版社，2024年。

53. 郑文融等：《郑氏规范》，中华书局，1985年。

54. 刘社建：《古代监察史》，东方出版中心，2018年。

55. 刘社建：《清代监察史》，格致出版社、上海人民出版社，2019年。

56. 刘社建：《清代科举监察》，东方出版中心，2022年。

57. 刘社建：《中国古代监察文化丛谈》，中国方正出版社，2024年。

图书在版编目(CIP)数据

古代廉洁文化史 / 刘社建著. -- 上海 ：上海社会科学院出版社，2024. --("马克思主义理论学位点培优培育"系列丛书 / 黄凯锋主编). -- ISBN 978-7-5520-4611-3

I. D691.49

中国国家版本馆 CIP 数据核字第 20249J82J6 号

古代廉洁文化史

著　　者：	刘社建
责任编辑：	董汉玲
封面设计：	金　峰
出版发行：	上海社会科学院出版社
	上海顺昌路 622 号　邮编 200025
	电话总机 021 - 63315947　销售热线 021 - 53063735
	https://cbs.sass.org.cn　E-mail: sassp@sassp.cn
排　　版：	南京展望文化发展有限公司
印　　刷：	浙江天地海印刷有限公司
开　　本：	710 毫米×1010 毫米　1/16
印　　张：	11.5
字　　数：	170 千
版　　次：	2024 年 12 月第 1 版　2024 年 12 月第 1 次印刷

ISBN 978 - 7 - 5520 - 4611 - 3/D・742　　　　　　　定价：78.00 元

版权所有　翻印必究